Instruções Psicofônicas

FRANCISCO CÂNDIDO XAVIER

Instruções Psicofônicas

Recebidas de vários Espíritos, no Grupo Meimei,
e organizadas por Arnaldo Rocha

Em memória de
ALLAN KARDEC

Homenagem do Grupo Meimei

Copyright © 1955 *by*
FEDERAÇÃO ESPÍRITA BRASILEIRA – FEB

10ª edição – 9ª impressão – 1 mil exemplares – 8/2024

ISBN 978-85-7328-810-0

Todos os direitos reservados. Nenhuma parte desta publicação pode ser reproduzida, armazenada ou transmitida, total ou parcialmente, por quaisquer métodos ou processos, sem autorização do detentor do *copyright*.

FEDERAÇÃO ESPÍRITA BRASILEIRA – FEB
SGAN 603 – Conjunto F – Avenida L2 Norte
70830-106 – Brasília (DF) – Brasil
www.febeditora.com.br
editorial@febnet.org.br
+55 61 2101 6161

Pedidos de livros à FEB
Comercial
Tel.: (61) 2101 6161 – comercial@febnet.org.br

Adquirindo esta obra, você está colaborando com as ações de assistência e promoção social da FEB e com o Movimento Espírita na divulgação do Evangelho de Jesus à luz do Espiritismo.

Dados Internacionais de Catalogação na Publicação (CIP)
(Federação Espírita Brasileira – Biblioteca de Obras Raras)

X3i	Xavier, Francisco Cândido, 1910–2002
	Instruções psicofônicas / recebidas de vários Espíritos, no "Grupo Meimei", e organizadas por Arnaldo Rocha; [psicografado por] Francisco Cândido Xavier – 10. ed. – 9. imp. – Brasília: FEB, 2024.
	336 p.; 23 cm
	ISBN 978-85-7328-810-0
	Inclui Adenda e Nótulas do organizador
	1. Espiritismo. 2. Obras psicografadas. I. Rocha, Arnaldo (Org.), 1922–2012. II. Federação Espírita Brasileira. III. Título.
	CDD 133.93
	CDU 133.7
	CDE 80.03.00

Sumário

Explicação necessária 9
Em saudação 15

1 Renúncia 17
2 Em busca do mestre 21
3 Tema evangélico 25
4 No intercâmbio 29
5 Abençoemos a luta 33
6 A lição da cruz 37
7 Trabalhemos amando 41
8 Palavras de um batalhador 45
9 Na esfera da palavra 51
10 Depoimento 53
11 Reflexões 63
12 Ante a reencarnação 69
13 Elevação 75
14 A melodia do silêncio 77
15 Advertência 81
16 Amarga experiência 85
17 Na viagem do mundo 97

18	Drama na sombra	103
19	Alergia e obsessão	115
20	Em marcha	119
21	Oração	123
22	Um amigo que volta	127
23	Companheiro em luta	131
24	Página de fé	137
25	Rogativa	141
26	Uma lição	143
27	Bom aviso	149
28	Palavras de amigo	155
29	Consciência ferida	159
30	Coração e cérebro	167
31	Um irmão de regresso	169
32	Palavras de luz	175
33	Um antigo lidador	179
34	Parasitose mental	183
35	Caridade	187
36	A oração curativa	191
37	Mensagem de um sacerdote	197
38	Pensamento	203
39	Provação	207
40	Versos do Natal	211
41	Sentimento	217
42	Divino Amigo, vem!	221
43	Hoje	225

44 Arquitetos espirituais 229
45 Boa vontade 235
46 Sessões mediúnicas 239
47 Santa água 243
48 No campo espírita 247
49 Além do sono 253
50 Observação oportuna 257
51 Domínio magnético 261
52 Uma despedida 265
53 A oração 273
54 Concentração mental 277
55 Lembrando Allan Kardec 281
56 Um coração renovado 285
57 Confortadora visita 289
58 Homenagem ao Tiradentes 293
59 Trio essencial 295
60 Fixação mental 299
61 Justiça 303
62 A terapêutica da prece 309
63 Orando e vigiando 313
64 O Cristo está no leme 317
65 Oração 321

Adenda 325
Nótulas do organizador 331

Explicação necessária

Segundo a praxe, um livro diferente no mundo das letras pede a apresentação de alguém que lhe abrace o conteúdo.

Mesmo nas letras espíritas, isso é norma corrente, com a movimentação dos literatos de renome ou dos instrutores desencarnados.

Neste livro, porém, o caso foge à regra.

Não dispomos de qualquer galardão para adquirir o favor da publicidade.

Nossos amigos espirituais, contudo, são de parecer que notícias e ideias, para que se definam, reclamam o selo do testemunho pessoal de quem lhes opera o lançamento e, por isso, não porque a nossa manifestação deva reportar-se ao esforço do beletrista, mas sim à responsabilidade moral do servidor, aqui estamos, por fidelidade à própria consciência, esposando nosso dever com alegria.

Passemos, pois, aos assuntos e aos fatos.

Corria o ano de 1951 e frequentes se faziam nossas excursões de Belo Horizonte, onde residimos, a Pedro Leopoldo, hoje região suburbana da capital mineira.

Em conversações fraternas e amigas com o nosso companheiro de ideal Francisco Cândido Xavier, muitas vezes observávamos o volume crescente dos casos de obsessão que procuravam incessantemente as reuniões públicas do Centro Espírita Luiz Gonzaga, nas noites de segundas e sextas-feiras.

Impressionava-nos a multiplicidade dos problemas tristes.

As moléstias mentais, como ainda hoje acontece, compareciam, uma traz outra. Possessão, fascinação, histeria, desequilíbrio, loucura...

E o Chico, por várias vezes, falou-nos do desejo expresso pelos mentores espirituais, no sentido de se criar um grupo de irmãos conscientes e responsáveis para a assistência especializada aos problemas difíceis.

Inegavelmente, o Luiz Gonzaga, hoje como há quase trinta anos, vem prestando aos enfermos que lhe batem às portas todo o auxílio de que dispõe, por meio da oração, do socorro magnético e da genuína elucidação evangélica.

Ainda assim, acumulavam-se os obsessos marginais, numerosos e complexos.

E, de quando em quando, nos perguntava o Chico se não nos decidiríamos a aceitar a direção de um núcleo doutrinário independente, para atender às tarefas da desobsessão.

Antigamente, em conexão com o Luiz Gonzaga, funcionara em Pedro Leopoldo um círculo dessa natureza.

Mas, em fevereiro de 1939, desencarnava o confrade José Xavier, que o dirigia, e a partida do companheiro encerrara-lhe a existência.

Não seria justo reatar o serviço especializado de assistência aos alienados mentais, então interrompido?

Ante as perguntas do médium, começamos a meditar.

Não foi possível considerar-lhe, de pronto, os apelos.

Relutamos, conhecendo nossas próprias deficiências.

Além disso, obrigações múltiplas nos tomavam o tempo e a providência exigiria estudo e reflexão na esfera teórica de nossa Doutrina, para que não nos falhasse a segurança na prática.

Hesitávamos, temendo acolher responsabilidades em que não pudéssemos persistir.

Os dias, porém, sucediam-se uns aos outros e, com a romaria constante dos enfermos mentais, repetiam-se as indagações do amigo.

Por que motivo não organizar um posto de socorro mediúnico para a prestação de serviço aos necessitados?

Em meados de 1952, aderimos finalmente.

Convidamos alguns irmãos conscientes da gravidade que o assunto envolve em si e, na noite de 31 de julho do ano mencionado, realizamos nossa primeira reunião.

Grupo reduzido. Vinte companheiros que perseveram unidos até agora, dos quais dez médiuns com faculdades psicofônicas apreciáveis.

O programa traçado pelos instrutores espirituais prossegue dentro de normas rígidas.

Reuniões semanais, nas noites de quintas-feiras. Atividades mediúnicas em atmosfera de intimidade. Ausência total de público. Além do quadro habitual da equipe, somente a presença dos enfermos, assim mesmo quando absolutamente necessária. Assiduidade. Horário rigoroso.

E, por imposição dos amigos que conosco trabalham, a agremiação recebeu o nome de Grupo Meimei, em recordação da irmã e companheira dedicada que, de imediato, recebeu do mundo espiritual a incumbência de assistir-nos as tarefas e amparar-nos os serviços.

Esse o nosso início, recomeçando a obra especializada de desobsessão em Pedro Leopoldo, interrompida por treze anos consecutivos.

A princípio, reuníamo-nos na antiga dependência que o Centro Espírita Luiz Gonzaga ocupou, de 1927 a 1950, mas, em 1954, no segundo aniversário de nossa instituição, por mercê de Deus e com a colaboração espontânea e desinteressada dos nossos companheiros, transferimo-nos para a nossa sede própria e definitiva que, embora singela, se levanta acolhedora à Rua Benedito Valadares, nesta cidade.

Falemos agora de nossas sessões propriamente ditas.

Iniciamos nossas atividades impreterivelmente às vinte horas, nas noites de quintas-feiras.

Sempre o mesmo quadro inalterado de irmãos em lide.

Destinamos os primeiros quinze minutos à leitura de trechos doutrinários, à prece de abertura e à palavra rápida do amigo espiritual que nos fornece, instruções.

Às vinte horas e quinze minutos, aproximadamente, encetamos o socorro aos desencarnados, constando de esclarecimento e consolo, enfermagem moral e edificação evangélica, a benefício das entidades conturbadas e sofredoras, no que despendemos noventa minutos, valendo-nos da cooperação de todos os médiuns presentes.

Às vinte e uma horas e quarenta e cinco minutos, o ambiente é modificado.

É a parte final que dedicamos à prece, em favor de enfermos distantes. E, nesses quinze minutos que precedem o encerramento, sempre recebemos, pela psicofonia sonambúlica de Francisco Cândido Xavier, a palavra direta de nossos instrutores e benfeitores desencarnados.

Explicada a existência de nosso grupo e aclarado o nosso programa de serviço, reportemo-nos agora à formação deste livro.

Desde 1952, lamentávamos a perda dos ensinamentos recolhidos na fase terminal de nossas reuniões.

Eram lições primorosas dos orientadores, palestras edificantes de amigos, relatos comoventes de irmãos recuperados e preleções de caráter científico, filosófico e religioso, proferidas por devotados e cultos mentores, de passagem por nosso recinto.

Para reter-lhes a palavra construtiva e consoladora, muitas vezes suspiramos pela colaboração de um taquígrafo.

Nos primeiros dias de 1954, numa das sessões públicas do Centro Espírita Luiz Gonzaga, comentávamos o problema com o nosso distinto confrade professor Carlos Torres Pastorino, do Rio de Janeiro, e esse nosso amigo, com cativante gentileza, ofereceu-nos a gravadora de sua propriedade. Poderíamos utilizá-la em Pedro Leopoldo e, encantados, guardamo-la por valioso empréstimo.

Foi assim que, desde a noite de 11 de março de 1954, graças à bondade de Deus e à generosidade de um amigo, nos foi possível fixar as alocuções dos instrutores e irmãos desencarnados que nos visitam.

É preciso dizer que o médium Chico Xavier sempre as recebeu psicofonicamente, no último quarto de hora das nossas sessões, muita vez depois de exaustivo labor na recepção de entidades perturbadas, em socorro de obsessos e doentes, serviço esse no qual coopera, igualmente, junto com os demais médiuns de nossa agremiação.

Alguém sugeriu a conveniência de organizarmos um livro com as presentes comunicações faladas, o primeiro obtido por meio das faculdades psicofônicas do médium Xavier, e aqui o temos, apresentado, não pela competência literária de que não dispomos, mas pelo nosso amor às responsabilidades assumidas.

Devemos informar que infelizmente não podemos, por impossível, registrar no papel a beleza das recepções, as variações do tom de voz, as paradas mais ou menos largas, o entrecortamento de palavras ou de frases por lágrimas de comoções ou gestos de alegria, a mudança, mesmo, do tipo de voz, além de outros característicos que valorizariam sobremaneira, ao nosso humilde pensar, as páginas de que os leitores tomarão conhecimento a seguir.

Fizemos preceder cada mensagem por anotações informativas que julgamos indispensáveis à apreciação do leitor e, à guisa de posfácio, colocamos no presente volume os apontamentos estatísticos de dois anos sucessivos de ação espiritual do Grupo Meimei, para estudo dos nossos irmãos de ideal interessados no assunto.

Finalizando, consignamos aqui o nosso profundo reconhecimento à bondade de nosso Senhor Jesus Cristo, suplicando a Ele abençoe os orientadores e amigos espirituais que amorosamente nos assistem. E, agradecendo a todos os nossos companheiros de tarefa pelo concurso decisivo e fraternal de sempre, rogamos a Deus, Nosso Pai Celestial, nos ampare e fortaleça, em nossos desejos de progresso e renovação.

ARNALDO ROCHA
Pedro Leopoldo (MG), 10 de junho de 1955.

Em saudação

E indo as mulheres anunciá-lo aos seus discípulos, eis que Jesus lhes surge ao encontro, dizendo: Eu vos saúdo!
Mateus, 28:9.

Esbatera-se no horizonte a treva noturna.

Ao clarão do amanhecer, as mulheres de Jerusalém dirigem-se ao sepulcro do eterno Amigo para a exaltação da saudade.

Inquietas, porém, encontram-no vazio.

Guardas atônitos comunicam-lhes que a vida triunfara sobre a morte...

E quando as irmãs fiéis se voltam, em regozijo, para anunciar aos companheiros a grande nova, eis que Jesus lhes surge, redivivo, ao encontro, exclamando, feliz: — Eu vos saúdo!

Não é um fantasma que regressa.

Não é um morto entre panos do túmulo.

Não traz qualquer sinal de tristeza.

Não espalha terror e luto.

O Mestre irradia jubiloso amor e clama: — Salve!

No limiar deste livro, formado com a palavra viva dos amigos desencarnados, recordamos o Benfeitor celeste, em sua gloriosa ressurreição, e desejamos sejam essas páginas uma saudação dos vivos da Espiritualidade que bradam para os vivos da escola humana:

— Irmãos, aproveitai o tempo que vos é concedido na Terra para a construção da verdadeira felicidade!...

A morte é renovação, investindo a alma na posse do bem ou do mal que cultivou em si mesma durante a existência.

Vinde à esperança, vós que chorais na sombra da provação!

Suportai a dor como bênção do Céu e avançai para a luz sem desfalecer!...

Além da cinza que o túmulo espalha sobre os sonhos da carne, a alma que amou e elevou-se renasce plena de alegria na vida eterna, qual esplendoroso sol, fulgurando além da noite.

Depois de curto estágio na Terra, estareis conosco na triunfante imortalidade!

Ajudai-vos uns aos outros.

Educai-vos, aprendendo e servindo!...

E, buscando a inspiração de Jesus para a nossa luta de cada dia, roguemos a Deus nos abençoe.

EMMANUEL
Pedro Leopoldo (MG), 10 de junho de 1955.

1
RENÚNCIA

Reunião de 11 de março de 1954.

De posse da gravadora, o Grupo Meimei iniciou o registro de instruções dos amigos espirituais, por intermédio da mediunidade psicofônica de Francisco Cândido Xavier, começando semelhante tarefa na noite de 11 de março de 1954.

Terminado o serviço de esclarecimento e socorro aos irmãos transviados no sofrimento e na sombra, que compareceram em grande número através de vários médiuns da Casa, o venerável benfeitor Adolfo Bezerra de Menezes incorporou-se, pronunciando a alocução que se segue, alusiva à renúncia como base de felicidade e paz, dirigindo-se não apenas aos companheiros encarnados, mas, de modo particular, à compacta assembleia de Espíritos conturbados que se comprimiam em expectação no recinto.

Meus amigos:

Rendamos graças ao Nosso Pai Celestial, guardando boa vontade para com os homens, nossos irmãos.

Como de outras vezes, achamo-nos juntos no santuário da prece...

Nossa visita, contudo, não tem outro objetivo senão colaborar na renovação íntima que nos é indispensável, a fim de que não estejamos malbaratando os recursos da fé e os favores do tempo.

Volvendo a vós outros, endereçamos igualmente a nossa mensagem a todos os companheiros que nos escutam fora da carne, órfãos de luz, ao encalço da própria transformação com o Divino Mestre, porque somente em Cristo é possível traçar o verdadeiro caminho da redenção.

Aprendamos a ceder, recolhendo com Jesus a lição da renúncia como ciência divina da paz.

Constantemente nossa palavra se reporta à caridade e admitimos que caridade seja apenas alijar o supérfluo de valores materiais da nossa vida.

Entretanto, a caridade maior será sempre a da própria renunciação, que saiba ceder de si mesma para que a liberdade, a alegria, a confiança, o otimismo e a fé no próximo não sofram prejuízo de qualquer procedência.

Como exercício incessante de autoburilamento, é imperioso ceder diariamente de nossas opiniões, de nossos pontos de vista, de nossos preconceitos e de nossos hábitos, se pretendemos realmente assimilar com Jesus a nossa reforma no Evangelho.

Toda a Natureza é escola nesse sentido.

Cedendo de si própria, converte-se a madeira bruta em móvel de alto preço.

Abdicando os prazeres da mocidade, o homem e a mulher alcançam do Senhor a graça do lar, em favor dos filhinhos que lhes conduzirão a mensagem de amor e confiança ao futuro.

Consumindo as próprias forças, o Sol mantém a Terra e nos sustenta a vida com seus raios.

Instruções psicofônicas

Meditai a realidade,[1] principalmente vós outros que já vos desenfaixastes do envoltório físico! Cultivemos a renúncia aos haveres e afetos da retaguarda humana, para que a morte se nos revele por vida imperecível, descortinando-nos nova luz!...

Todos os dias, volta o esplendor solar à experiência do homem, concitando-o a aperfeiçoar-se, por dentro, pelo olvido de velhos fardos das impressões negativas, que tantas vezes se nos cristalizam na mente, escravizando-nos à ilusão...

E porque vivemos desprevenidos, gastando a esmo as oportunidades de serviço, obtidas no mundo, com o corpo denso, somos colhidos pela transição do túmulo, como pássaros engaiolados na grade do próprio pensamento.

É necessário esquecer para reviver.

É imprescindível o desapego de todas as posses precárias da estação carnal de luta, para que o incêndio das paixões não nos arraste às calamidades do espírito, pelas quais se nos paralisa o anseio de progresso, em seculares reparações!...

Não há liberação da consciência, quando a consciência não se liberta.

Não há cura para as nossas doenças da alma, quando nossa alma não se rende ao impositivo de recuperar a si mesma!...

Saibamos, assim, exercer a doce caridade de compreender as criaturas que nos cercam. Não somente entendê-las, mas também ampará-las pelo desprendimento de nossos desejos, percebendo que o bem do próximo, antes de tudo, é o nosso próprio bem.

---

[1] Nota do organizador: Neste tópico da mensagem, o Dr. Bezerra de Menezes dirigia-se, de modo particular, aos desencarnados presentes.

Recordemos que as Leis do Senhor se manifestam, em voz gritante, nas trombetas do tempo, conferindo a cada coisa a sua função e a cada Espírito o lugar que lhe é próprio.

Desse modo, não nos adiantemos aos celestes desígnios, mas aprendamos a ceder, na convicção de que a justiça é sempre a harmonia perfeita.

Atentos ao culto do sacrifício pessoal sob as normas do Cristo, peçamos a Ele coragem de usar o silêncio e a bondade, a paciência e o perdão incondicional, no trabalho regenerador de nós mesmos, uma vez que não podemos dispensar a energia e a firmeza para nos afeiçoarmos a semelhantes virtudes que, em tantas ocasiões, repontam entusiásticas de nossa boca, quando o nosso coração se encontra longe delas.

Irradiemos os recursos do amor, por meio de quantos nos cruzem a senda, para que a nossa atitude se converta em testemunho do Cristo, distribuindo com os outros consolação e esperança, serenidade e fé.

Imitemos a semente humilde a desfazer-se no solo, aparentemente desamparada, aprendendo com ela a desintegrar as teias pesadas e escuras que nos constringem a individualidade eterna, a fim de que o nosso espírito desabroche no chão sagrado da vida, em novas expressões de entendimento e trabalho.

Para isso, não desdenhemos ceder.

E supliquemos ao Eterno Benfeitor nos ajude a plasmar-lhe a Doutrina de Luz em nossas próprias vidas, para que a nossa presença, onde quer que estejamos, seja sempre uma fonte de reconforto e esperança, serviço e benevolência, exaltando para aqueles que nos rodeiam o abençoado nome de nosso Senhor Jesus Cristo.

Bezerra de Menezes

2
EM BUSCA DO MESTRE

Na noite de 18 de março de 1954, os apontamentos educativos, na fase terminal da reunião, foram trazidos por Meimei, a irmã responsável pelas tarefas do Grupo, que enfeixou em sua mensagem falada, aqui transcrita, todo um poema evangélico, incentivando-nos ao trabalho de comunhão com o Senhor.

Aos ouvidos da Alma atormentada, que lhe pedia a comunhão com Jesus, respondeu, generoso, o Mensageiro celestial:

— Sim, em verdade reconheces no Cristo o Senhor, mas não te dispões a servi-lo...

"Clamas por Ele, como sendo a suma Compaixão, todavia, ainda te acomodas com a maldade...

"Não te cansas de anunciá-lo por Luz dos Séculos, entretanto, não te afastas da sombra...

"Dizes que Ele é o Amor infinito, mas ainda te comprazes na agressividade e no ódio...

"Afirmas aceitá-lo por Príncipe da Paz e não vacilas em favorecer a discórdia..."

— Contudo — suplicou a Alma em pranto —, tenho fome de consolo, no aflitivo caminho em que se me alongam as provações... Que fazer para encontrar-lhe a presença redentora?!...

— Volta ao combate pela vitória do bem e não desfaleças! — acrescentou o Emissário Celeste. – Ele é teu Mestre, a Terra é tua escola, o corpo de carne a tua ferramenta e a luta a nossa sublime oportunidade de aprender. Se já lhe recolheste a lição, sê um traço dele, cada dia... Ama sempre, ainda que a fogueira da perseguição te elimine a esperança, estende os braços ao próximo, sem esmorecer, ainda que o fel das circunstâncias adversas te envenene a taça de solidariedade e carinho!... Sê um raio de luz nas trevas e a mão abnegada que insiste no socorro fraternal, ainda mesmo nos lugares e nas situações em que os outros hajam desistido de auxiliar... Vai! Esquece-te e ajuda no silêncio, assim como no silêncio recolhes dele o alento de cada instante! Não pretendas improvisar a santidade e nem esperes partilhar-lhe, de imediato, a glória sublime! Ouve! Basta que sejas um traço do Senhor, onde estiveres!...

Aos olhos da Alma supliciada desapareceu a figura do excelso dispensador dos talentos eternos.

Viu-se, de novo, religada ao corpo, sob desalento inexprimível...

Contudo, ergueu-se, enxugou os olhos doridos e, calando-se, procurou ser um traço do Mestre cada dia.

Correu, célere, o tempo.

Amou, tolerou, sofreu e engrandeceu-se...

O mundo feriu-a de mil modos, os invernos da experiência enrugaram-lhe a face e pratearam-lhe os cabelos, mas um momento surgiu em que os traços do Mestre como que se lhe gravaram no íntimo...

Viu Jesus, com todo o esplendor de sua beleza, no espelho da própria mente, no entanto, não dispunha de palavras para transmitir aos outros qualquer notícia do divino milagre...

Sabia tão somente que transportava no coração as estrelas da alegria e os tesouros do amor.

MEIMEI

3
TEMA EVANGÉLICO

Nas atividades da noite de 25 de março de 1954, tivemos a visita de vários irmãos desencarnados, procedentes das Igrejas Reformadas. No encerramento, dirigindo-se a eles e a nós, manifestou-se o irmão Álvaro Reis, que foi eminente pastor no Brasil, cuja palavra focalizou elevado tema evangélico, destacando a responsabilidade dos espíritas como detentores das interpretações mais avançadas do ensinamento de Jesus.

Amigos, que Jesus nos mantenha em seu amor.

Não sabemos de outra felicidade maior que a vossa, porque ainda na carne sois preparados para a senda do Espírito, de maneira a que não vos desvieis do roteiro de luz.

O Espiritismo funciona em vossas experiências como intérprete das lições divinas, oferecendo soluções simples aos problemas complicados, satisfazendo indagações e decifrando enigmas, ao clarão da fé sem artifícios, capaz de guindar-vos às eminências do trabalho com o Senhor, sem a contenção muita vez abusiva de autoridades humanas, estranhas à vocação do Evangelho, e que, em vez de vos garantirem a escalada, talvez até vos tolhessem o direito de aprender, servir e experimentar.

Entretanto, crede que muito maior é a responsabilidade que vos pesa nos ombros, porquanto o nosso irmão católico romano, em transpondo o limiar do túmulo, poderá referir-se às peias mentais a que foi escravizado no culto externo, e o companheiro da Igreja Reformada alegará com justiça o insulamento a que foi constrangido na clausura da letra.

Vós, porém, avançais a céu escampo, guardando conhecimentos evangélicos mais suscetíveis de plena identificação com a Verdade, nutrindo-vos, desde agora, com os frutos sazonados da vida eterna.

A concepção real da justiça vos favorece mais clara visão do universo e sabeis como ninguém que o Paraíso deve ser edificado gradativamente em nós mesmos, todos os dias.

Egressos da Igreja Reformada, lastimamos a impossibilidade de retroação no tempo, para reestruturar a conceituação do Testamento Divino e buscar, como acontece convosco, o supremo consolo da fé ajustada aos fundamentos simples da vida, sem o férreo arcabouço das convenções humanas.

Desejávamos para nós mesmos o trato espontâneo e puro com a fonte viva da Boa-Nova, a fim de nos habilitarmos às revelações maiores pela regeneração de nossos próprios preceitos.

Ainda assim, não obstante os prejuízos do passado, rejubilamo-nos com a formação da vanguarda espírita-cristã, valoroso e pacífico exército de almas fervorosas que, pelos méritos da oração e do arrependimento, da boa vontade e do serviço aos semelhantes, vem construindo no mundo precioso trilho de acesso à comunhão com Jesus.

Regozijamo-nos, como quem sabe que a fortuna do vizinho é também a nossa fortuna, e, se é possível deixar-vos uma lembrança amiga, em sinal de contentamento pelo primeiro contato convosco, ofertamos aos vossos corações a palavra do Mestre Divino, nas anotações do Apóstolo Mateus, no capítulo 6, versículo 33, quando o Celeste Amigo nos adverte:

"*Buscai, acima de tudo, o reino de Deus e a sua justiça e todas* **essas coisas** *ser-vos-ão acrescentadas*".

Recuando ao tempo de sua palavra direta, recordemos que a multidão perguntava sobre *o comer, o beber, e o agasalhar-se...*

Essas coisas, porém, cresceram com a civilização.

Não apenas pão do corpo, mas pão do espírito em forma de educação e paz.

Não apenas beber água, na ordem material, mas sorver o idealismo santificante de que o Mestre mesmo foi o excelso portador.

Não apenas o agasalhar-se com as vestes corruptíveis que cobrem o corpo denso, mas o abrigar-se cada um de nós na alegria da consciência reta, para que o coração unido ao Cristo respire na inexpugnável cidadela do dever respeitado.

A significação dessa trilogia de verbos tão rotineiros no mundo é, hoje, como vemos, mais complexa.

Precisamos *dessas coisas...*

Essas coisas, que podemos também simbolizar como harmonia interior, tranquilidade doméstica, equilíbrio na vida pública e privada, compreensão para com os amigos, tolerância para com os adversários, dignidade nas provações e força para ultrapassar as nossas próprias fraquezas, são necessidades prementes que não podemos olvidar.

Mas para que *essas coisas* sejam acrescentadas à nossa vida, é indispensável procuremos o reino de Deus e sua justiça, que expressam felicidade com merecimento.

Façamos o melhor, sentindo, pensando e falando o melhor que pudermos.

Honrando o Reino de Deus e sua Justiça, o nosso Divino Mestre passou na Terra em permanente doação de si mesmo...

Eis o padrão que nos deve inspirar as atividades, porque não nos bastará crer acertadamente e ensinar com brilho, mas, acima de tudo, viver as lições.

O Reino de Deus inclui todos os bens materiais e morais, capazes de serem incorporados ao nosso espírito, seja onde for, no entanto, importa merecê-lo por justiça e não apenas desejá-lo pela fé.

Amigos, temos agora conosco o programa certo. Atendamo-lo.

E que o Senhor nos reúna em valioso entendimento, para a obra de cooperação no Evangelho que nos cabe executar, é tudo aquilo a que aspiramos de melhor para que o serviço do bem nos conduza ao grande Bem com que nos acena o futuro.

ÁLVARO REIS

4
NO INTERCÂMBIO

Na noite de 1º de abril de 1954, ao término de nossa reunião, José Xavier, que foi companheiro militante do Espiritismo, em Pedro Leopoldo, já desencarnado, desde 1939, e que ainda hoje é um cooperador leal e amigo em nosso Grupo, tomou o instrumento mediúnico e conversou conosco, sobre o intercâmbio com as entidades sofredoras, deixando-nos as expressões aqui transcritas.

No trato com os nossos irmãos desequilibrados, é preciso afinar a nossa boa vontade à condição em que se encontram, para falar-lhes com o proveito devido.

Vocês não desconhecem que cada criatura humana vive com as ideias a que se afeiçoa.

Quantos no mundo se julgam triunfantes na viciação ou no crime, quando não passam de viajores em declive para a queda espetacular! E quantos companheiros, aparentemente vencidos, são candidatos à verdadeira vitória!...

Mesmo entre vocês, não é difícil observar mendigos esfarrapados que, por dentro, se acreditam fidalgos, e pessoas bem-nascidas, conservando a humildade real no coração, entre o amor ao próximo e a submissão a Deus!...

Aqui, na esfera em que a experiência terrestre continua a si mesma, os problemas dessa ordem apenas se alongam.

Temos milhares de irmãos escravizados à recordação do que foram no passado, mas, ignorando a transição da morte, vivem por muito tempo estagnados em tremenda ilusão!...

Sentem-se donos de recursos que perderam de há muito e tiranos de afeições que já se distanciaram irremediavelmente do trecho de caminho em que paralisaram a própria visão.

Nos campos e cidades terrestres, a cada passo topamos antigos dominadores do solo, os quais a morte não conseguiu afastar de suas fazendas; magnatas de indústria que o túmulo não separou dos negócios materiais, e homens e mulheres em massa que, sem a veste do corpo, continuam agrilhoados aos prazeres e aos hábitos em que fisgaram a própria alma...

Convidados à revisão do estado consciencial em que se alojam, irritam-se e defendem-se, como ouriços contentes no espinheiro em que moram, quando não se ocultam, matreiros, no egoísmo em que se deleitam, ao modo de velhas tartarugas a se esconderem na carapaça, ao primeiro toque estranho às sensações com que se acomodam.

Se insistimos no socorro espiritual de que necessitam, vomitam impropérios e cospem blasfêmias...

Mas, com isso, não deixam de ser doentes e loucos, agindo contra si mesmos e solicitando-nos amparo.

Sentem-se vivos, tão vivos, como na época em que se embebedaram de mentira, fascinação e poder.

O tempo e a vida correm para diante, por fora deles, mas, por dentro, imobilizaram a própria alma na fixação mental de imagens e interesses, que não mais existem senão no mundo estreito desses infelizes irmãos.

Querem apreço, consideração, apoio, carinho...

Não pedimos a vocês estimular-lhes a fantasia, contudo, lembramos a necessidade de nossa tolerância, para que lhes possamos contornar, com êxito, as complicações e labirintos, doando-lhes, ao mesmo tempo, ideias novas com que empreendam a própria recuperação.

Figuremo-los como prisioneiros, cuja miséria não nos deve sugerir escárnio ou indiferença, mas sim auxílio deliberado e constante para que se ajudem.

Cultivemos, assim, a conversação com os desencarnados sofredores, sem curiosidade maligna, ouvindo-os com serenidade e paciência.

Não nos esqueçamos de que somente a simpatia fraternal pode garantir a obra divina do amor.

JOSÉ XAVIER

5
Abençoemos a luta

Na noite de 8 de abril de 1954, após laborioso esforço assistencial, junto a numerosas entidades sofredoras, em benefício de irmãos obsessos, nosso respeitável orientador Emmanuel ocupou o aparelho mediúnico, transmitindo-nos valiosa lição sobre a luta, como escola de purificação e aperfeiçoamento espiritual.

Meus amigos, abençoemos a luta.

O facão da poda aumenta a produção das árvores.

O bisturi determina a extinção da enfermidade.

A ostra importunada reage, fabricando a pérola.

Aos estorcegões da dificuldade, encontra o espírito valiosa transformação.

O trabalho é grão no celeiro.

O repouso é ferrugem na enxada.

A pedra recolhida serve à construção.

O espinho desinfetado cura tumores.

O suor é pão que alimenta.

A ociosidade é estagnação que corrompe.

A inércia é paz dos cadáveres.

A ferida em bom combate chama-se mérito.

A exigência é débito de amanhã.

A humildade é crédito de hoje.

Privilégio é responsabilidade.

Dever comum é acesso à própria emancipação.

Lágrima é limpeza interior.

Fel é medicamento que remedeia.

Todo progresso é expansão.

Toda expansão é crescimento.

Todo crescimento é esforço.

Todo esforço é sacrifício.

Todo sacrifício é dor.

Toda dor é renovação.

Meus amigos, os olhos foram situados pela Sabedoria Divina na elevada dianteira do corpo.

Saibamos contemplar o horizonte à frente.

Olvidemos as sombras de ontem.

Somos diariamente procurados pelas criaturas, situações e coisas que procuramos.

Busquemos, desse modo, a lição divina, a fim de que sejamos beneficiados pela Divina Lição.

Que o Senhor nos abençoe.

EMMANUEL

6
A LIÇÃO DA CRUZ

A noite de 15 de abril de 1954 foi dedicada às comemorações de Endoenças pela comunidade cristã. Recordando a véspera da crucificação de Jesus, nosso Grupo estava superlotado de entidades desencarnadas de várias procedências e de diversos graus evolutivos a nos partilharem tarefas e orações.

Coroando-nos os estudos, o irmão Osias Gonçalves, que foi abnegado pastor evangélico no Brasil, ocupou a faculdade psicofônica e falou, comovedoramente, com respeito à lição da cruz.

Meus irmãos:

Peçamos em nosso favor a bênção de nosso Senhor Jesus Cristo.

Nas recordações da noite de hoje, busquemos no Livro Sagrado a mensagem de luz que nos comande as diretrizes.

Leiamos no *Evangelho do Apóstolo João*, no capítulo 12, versículo 32, a palavra do divino Mestre, quando anuncia aos seguidores:

E Eu, quando for levantado da terra, atrairei todos a mim.

Semelhante afirmativa foi pronunciada por Ele, depois da entrada jubilosa em Jerusalém.

Flores, alegria, triunfo...

Cabe-nos ponderar ainda que, nessa ocasião, o Embaixador Celestial havia sido o Divino Médico dos corpos e das almas. Havia restaurado paralíticos, cegos e leprosos, reconstituindo a esperança e a oportunidade de muitos... Estendera a Boa-Nova e passara pela transfiguração do Tabor...

Entretanto, Jesus ainda se considera como Missionário não erguido da Terra.

Indubitavelmente, aludia ao gênero de testemunho com que o dilacerariam, mas também ao sofrimento superado como acesso à vitória.

Reportava-se ao sacrifício como auréola da vida e destacava a cruz por símbolo de espiritualidade e ressurreição.

Induzia-nos o Senhor a aceitar as aflições do mundo, como recursos de soerguimento, e a receber nos pontos nevrálgicos do destino o ensejo de nossa própria recuperação.

Ninguém passará incólume entre as vicissitudes da Terra.

Todos aí pagamos o tributo da experiência, do crescimento, do resgate, da ascensão...

E arrojados ao pó do amolecimento moral, não atrairemos senão a piedade dos transeuntes e o enxurro do caminho, sem encorajar o trabalho e o bom ânimo dos outros, porque, de nós mesmos, teremos recusado a bênção da luta.

O Mestre, amoroso e decidido, ensinou-nos a usar o fracasso como chave de elevação.

Traído pelos homens, utilizou-se de semelhante decepção para demonstrar lealdade a Deus.

Atormentado, aproveitou a aflição para lecionar paciência e governo próprio.

Escarnecido, valeu-se da amargura íntima para exercer o perdão.

E, crucificado, fez da morte a revelação da vida eterna.

É imprescindível renunciar ao reconforto particular, para que a renovação nos acolha.

Todos nos sentimos tranquilos e sorridentes, diante do céu sem nuvens, mas se a tempestade reponta, ameaçadora, eis que se nos desfazem as energias, qual se nossa fé não passasse de movimento sem substância.

Acomodamo-nos com a satisfação e abominamos o obstáculo.

No entanto, não seremos levantados do mundo, ainda mesmo quando estejamos no mundo fora do corpo físico, sem o triunfo sobre a nossa cruz, que, em nosso caso, foi talhada por nossos próprios erros, perante a Lei.

É por isso que nesta noite, em que a serenidade de Jesus como que envolve a Natureza toda, nesta hora em que o pensamento da coletividade cristã volve, comovido, para a recuada Jerusalém, é natural estabeleçamos no próprio coração o indispensável silêncio para ouvir a Mensagem do Evangelho que se agiganta nos séculos...

E Eu, quando for levantado da terra, atrairei todos a mim.

Enquanto o Senhor evidenciava apenas o poder sublime de que se fazia emissário, curando e consolando, poderia parecer um simples agente do Pai Celestial, em socorro das criaturas; mas atendendo aos desígnios do Altíssimo, na cruz da flagelação suprema, e confiando-se à renúncia total dos próprios desejos, não obstante vilipendiado e aparentemente vencido, afirmou o valor soberano de sua individualidade divina pela fidelidade ao seu ministério de amor universal e, desde então, alçado ao madeiro, continua atraindo a si as almas e as nações.

Içado à ignomínia por imposição de todos nós que lhe constituímos a família planetária, não denotou rebeldia, tristeza ou desânimo, encontrando, aliás, em nossa debilidade, mais forte motivo para estender-nos o tesouro da caridade e do perdão, passando, desde a cruz, não mais apenas a revigorar o corpo e a alma das criaturas, mas principalmente a atraí-las para o Reino divino, cuja construção foi encetada e cujo acabamento está muito longe de terminar.

Assim sendo, quando erguidos a pelo menos alguns milímetros da terra, por meio das pequeninas cruzes de nossos deveres, junto aos nossos irmãos de humanidade, saibamos abençoar, ajudar, compreender, servir, aprender e progredir sempre.

Intranquilidade, provação, sofrimento, são bases para que nos levantemos ao encontro do Senhor.

Roguemos, desse modo, a Ele nos acrescente a coragem de apagar o incêndio da rebelião que nos retém prostrados no chão de nossas velhas fraquezas, retirando-nos, enfim, do cativeiro à inferioridade para trazer ao nosso novo modo de ser todos aqueles que convivem conosco, há milênios, aguardando de nossa alma o apelo vivo do entendimento e do amor.

E, reunindo nossas súplicas numa só vibração de fé, esperemos que a Bondade Divina nos agasalhe e abençoe.

OSIAS GONÇALVES

7
Trabalhemos amando

Na noite de 22 de abril de 1954, o nosso instrutor Emmanuel voltou a utilizar-se do equipamento mediúnico e, talvez porque os componentes do Grupo houvessem palestrado, antes da reunião, sobre as diversas categorias das entidades espirituais que se comunicam conosco, o venerável orientador tomou o assunto por tema de sua mensagem que passamos a transcrever.

Meus amigos, trabalhemos amando.

A fim de que a glória do espírito se exprima, por meio do cérebro, na cintilação do pensamento, é preciso que a cabeça se ajuste aos variados departamentos do veículo carnal.

Para isso, é indispensável que cada elemento do corpo seja respeitado em sua função específica.

Os olhos são funcionários da visão.

Os ouvidos são sentinelas do conhecimento.

As narinas são guardiãs do olfato.

A língua é a escultora da palavra.

O coração é o ministro do equilíbrio.

As mãos são artistas do trabalho.

Os pés são escravos da sustentação.

Temos, contudo, outros cooperadores em atividades mais humildes.

A epiderme é um manto protetor.

Os pulmões são câmaras de ar respiratório para a garantia da existência.

O estômago é o alambique da digestão.

O fígado é um condensador de energia vital.

O baço é um gerador de sangue.

O pâncreas é o excretor de enzimas.

Os intestinos são vasos de seleção técnica.

Os rins são filtros seguros e diligentes.

Os gases são recursos destinados à expulsão de venenos letais.

Tudo na colmeia celular do campo físico é solidariedade perfeita, com especiais objetivos de progresso e aprimoramento.

Uma reunião de trabalhos mediúnicos é igualmente um corpo simbólico, exigindo que a direção considere, em seu devido valor, todas as peças de sua composição espiritual.

Espíritos angélicos são mensageiros de amor.

Espíritos instrutores são emissários de sabedoria.

Espíritos amigos são frascos de remédio curativo ou de perfume amenizante.

Espíritos familiares são bênçãos de reconforto.

Espíritos sofredores são avisos à imprevidência.

Espíritos ignorantes são desafios à boa vontade.

Espíritos em desequilíbrio são exercícios de paciência.

Espíritos cristalizados no mal são apelos ao bem.

Espíritos obsessores são oportunidades de concurso fraterno.

Espíritos necrosados na delinquência ou no vício são convites à oração.

Meus amigos, para a caridade tudo é grande!

Na sementeira de luz, não há serviço insignificante.

Na obra de redenção, não há tarefas desprezíveis.

Para as Leis eternas, a mão do legislador que lavra um decreto é tão venerável quanto a do enfermeiro que alivia uma chaga.

Trabalhemos, pois, amando, e que o Senhor nos abençoe.

EMMANUEL

8
PALAVRAS DE UM BATALHADOR

> No encerramento de nossas tarefas, na reunião da noite de 29 de abril de 1954, fomos agradavelmente surpreendidos com a visita do professor Cícero Pereira, que foi valoroso batalhador do Espiritismo, em Minas Gerais, onde é vastamente conhecido e carinhosamente lembrado por sua grande bagagem de serviço, como presidente da União Espírita Mineira, sediada em Belo Horizonte, e como devotado irmão de todos os companheiros de nossa Causa. Aqui consignamos a valiosa mensagem psicofônica que nos deixou.

Meus amigos, peçamos, antes de tudo, a nosso Senhor Jesus Cristo nos ampare o trabalho.

Não pude furtar-me à alegria de visitá-los, ainda mesmo de escantilhão.

Grande é a nossa esperança, observando a plantação de luz a que se devotam.

Além disso, não posso esquecer que tenho aqui bons amigos, a começar pelo nosso Rocha.[2]

---

[2] Nota do organizador: Reporta-se o visitante espiritual ao nosso companheiro Geraldo Benício Rocha, de quem foi amigo íntimo.

Meus caros, a surpresa dos espíritas, depois do túmulo, chega a ser incomensurável, porque frequentemente mobilizamos os valores de nossa fé com a pretensão de quem se julga escolhido à frente do Senhor.

Aguardamos, para além da morte, uma felicidade que nem de longe, no mundo, cogitamos de construir.

Somos aprendizes novos do Evangelho.

Isso é verdade.

Mas estamos sempre interessados em conduzir ao Cristo os nossos problemas, completamente despreocupados quanto aos problemas do Cristo, a nosso respeito.

Buscamos nossa própria imagem no espelho da Graça Divina. Somos velhos Narcisos encarcerados na própria ilusão.

E admitimos que não há dores maiores que as nossas e que as nossas necessidades superam as necessidades dos outros.

Por esse motivo, o tempo estreito de permanência no corpo carnal apenas nos favorece, na maioria das vezes, mais densa petrificação de egoísmo, na concha de nossa antiga vaidade.

Somos leitores de livros admiráveis.

Comovemo-nos e choramos, ante os valores iluminativos com que somos agraciados, entretanto, depois do contato com o pensamento sublime de nossos orientadores, eis-nos arrojados ao esquecimento de todos os dias, como se padecêssemos irremediável amnésia, diante de tudo o que se refira às nossas obrigações para com Jesus.

Em nossas casas doutrinárias, intensificamos disputas em torno da direção humana, magnetizados pelos aspectos menos dignos da luta que fomos chamados a desenvolver e, muitas vezes, no intercâmbio com os nossos irmãos tresmalhados na sombra, martelamos preciosas lições de caridade e fé viva, compreensão e tolerância, olvidando que os chamados "Espíritos sofredores", em muitas ocasiões, são trazidos até nós por vanguardeiros da Luz Divina, interessados em nossa renovação, enquanto há "melhor tempo".

Ai de nós, porém!...

Dos conflitos inadequados em nossos templos de fé, somente recolhemos frutos amargos, e das mensagens pontilhadas de aflição, que guardam o objetivo de reabilitar-nos para o Senhor, apenas retiramos impressões negativas, uma vez que nos movimentamos no círculo de nossas responsabilidades, crendo-nos na condição de cooperadores vitoriosos, quando, no fundo, perante os Benfeitores da Espiritualidade Superior, somos simplesmente companheiros em perigo, com imensas dificuldades para satisfazer ao próprio reajuste.

Estejam vocês convencidos de que para nós, os espíritas desencarnados, há uma tarefa espantosa, com a qual não contávamos.

Por mais estranho nos pareça, somos geralmente situados em serviços de orientação, junto aos companheiros que ficaram.

Espíritas com espíritas, como irmãos enlaçados no mesmo dever a cumprir.

Alijados do corpo, contudo, é que vemos quão difícil se faz o concurso eficiente aos corações cerrados à luz e quão sacrificial se nos revela o socorro a doentes que não se interessam pela própria cura!

Identificamos, então, o princípio de correspondência. Colocados na posição daqueles que anteriormente nos dirigiam, reconhecemos quanta impermeabilidade oferecíamos, no mundo, aos que nos acompanhavam abnegadamente de perto.

Tão logo descerrei os olhos, ante o esplendor da verdade, encontrei nosso velho amigo Senra,[3] notificando-me, bem-humorado:

Cícero, agora é o seu tempo de experimentar o novo trabalho que vive em nossas mãos...

E, desde essa hora, eu que retinha a veleidade de condutor, embora a insipiência do aprendiz de Evangelho que ainda sou, comecei a entender alguma coisa do serviço gigantesco que nos compete impulsionar para a frente.

Afeiçoados à nova máquina de ação, sofremos o cuidado de não trair a harmonia.

Porque é preciso equilibrar nossos passos, a fim de orientar com segurança os passos alheios, disciplinar-nos dentro das responsabilidades que abraçamos para não ameaçar o trabalho daqueles que nos cercam.

Ouvir mais.

Fazer mais.

E falar menos.

Difícil é suportar na cabeça o título de servidor da Boa-Nova, que, entre os homens, pode ser uma palma florida, mas que se converte aqui em coroa de fogo, tal a preocupação com que nos cabe aprender a auxiliar e a renunciar para que o carro de nossos princípios avance sobre os trilhos da ordem.

Registrando-nos a experiência, esperamos que vocês venham mais tarde para cá movimentando melhores recursos.

Reconheço que há muito ainda a dizer.

---

[3] Nota do organizador: Refere-se o comunicante ao Dr. Ernesto Senra, antigo lidador do Espiritismo, em Minas Gerais, desde muito desencarnado.

Entretanto, o horário está a esgotar-se.

Conosco, temos outros irmãos que lhes deixam afetuosa visita.

Nossos amigos Hanriot, Mata Simplício e ainda o nosso Efigênio[4] partilham-nos a oração.

Todos agora padecemos o mesmo mal – o inquietante privilégio de colaborar numa realização, cuja magnitude efetivamente nos esmaga.

Façamos o melhor de nossa parte, na convicção de que o Senhor não nos desampara.

E, agradecendo a satisfação desta hora, deixo aos queridos companheiros o meu coração reconhecido.

Cícero Pereira

---

[4] Nota do organizador: Reporta-se o visitante a companheiros espíritas de Belo Horizonte, já desencarnados.

9
NA ESFERA DA PALAVRA

Nas tarefas da reunião de 6 de maio de 1954, depois do serviço habitual de socorro a desencarnados em sofrimento, nosso amigo André Luiz fez-se ouvido por nós, de maneira clara e incisiva, acordando-nos para a necessidade do verbo bem conduzido, com os seguintes ensinamentos.

Certa palavra delituosa foi projetada ao mundo por uma boca leviana e, em breves dias, desse quase imperceptível fermento de incompreensão, nasceu vasta epidemia de maledicência.

Da maledicência surgiram apontamentos ingratos, estabelecendo grande infestação de calúnia.

Da calúnia apareceram observações impróprias, gerando discórdia, perturbação, desânimo e enfermidade.

De semelhantes desequilíbrios, emergiram conflitos e desvarios, criando aflição e ruína, guerra e morte.

Meus irmãos, para o médico desencarnado o verbo mal conduzido é sempre a raiz escura de grande parte dos processos patogênicos que flagelam a Humanidade.

A palavra deprimente é sarna invisível, complicando os problemas, enegrecendo o destino, retardando o progresso, desfazendo a paz, golpeando a fé e anulando a alegria.

Se buscamos no mundo selecionar alimentos sadios, na segurança e aprumo do corpo, é indispensável escolher conversações edificantes, capazes de preservar a beleza e a harmonia de nossas almas.

Bocas reunidas na exaltação do mal assemelham-se a caixotes de lixo, vazando bacilos de delinquência e desagregação espiritual.

Atendamos ao silêncio, onde não seja possível o concurso fraterno.

Disse o profeta que "a palavra dita a seu tempo é como maçã de ouro em cesto de prata".

No entanto, só o amor e a humildade conseguem produzir esse milagre de luz.

Para cooperar com o Cristo, é imprescindível sintonizar a estação da nossa vida com o seu Evangelho Redentor.

Busquemos sentir com Jesus.

Não nos esqueçamos de que a língua fala com os homens e de que o coração fala com Deus.

ANDRÉ LUIZ

10
DEPOIMENTO

A mensagem de J. P., que designamos apenas por suas iniciais, em virtude da comovente lição que nos traz, foi recebida na noite de 13 de maio de 1954, no encerramento de nossas tarefas.

Para elucidar certas passagens desta comunicação psicofônica, é forçoso esclarecer que ele nos visitara anteriormente, sendo socorrido pela doutrinação evangélica.

É curioso notar que uma de nossas irmãs, elemento efetivo de nosso Grupo e esposa de um dos nossos companheiros, meses antes da mensagem que aqui transcrevemos, revelava todos os sintomas de uma gravidez aparente e dolorosa, tendo sido tratada espontaneamente, em várias reuniões sucessivas, por um de nossos benfeitores espirituais que, carinhosamente, a libertou, através de passes magnéticos, das estranhas impressões de que se via possuída.

Com grande surpresa para nós, viemos então a saber que o Espírito J. P. era o candidato ao renascimento que não chegou a positivar-se.

Cremos sejam necessárias as presentes anotações, não só para que a mensagem seja devidamente aclarada, como também para estudarmos importantes incidentes que podem ocorrer, entre dois mundos, em nossa vida comum.

Com a inflexão de quem chorava intimamente, o visitante assim se expressou, sensibilizando-nos a todos:

13 de maio de 1954!...

Há precisamente 66 anos eram declarados livres todos os escravos no território brasileiro.

E talvez comemorando o acontecimento, determinam os instrutores desta Casa vos fale algo de minha história, de minha escura história, porquanto, em seus últimos lances, ela se encontra de certo modo associada à obra espiritual de vosso Grupo.

J. P. foi o meu nome em Vassouras, a fidalga Vassouras do Segundo Império.

Resumirei meu caso, tanto quanto possível, porque, como é fácil perceberdes, não passo ainda de pobre viajante da sombra, em árduo serviço na própria regeneração.

Em março de 1888, fui convidado a participar de expressiva reunião da Câmara Vassourense por meu velho amigo Dr. Correia e Castro.[5]

Cogitava-se da adoção de medidas compatíveis com a campanha abolicionista, então na culminância.

Alguns conselheiros propuseram que todos os fazendeiros do Município instituíssem a liberdade espontânea, a favor do elemento cativo, com a obrigação de os escravos alforriados prosseguirem trabalhando, por mais cinco anos consecutivos, numa tentativa de preservação da economia regional.

Discussões surgiram acaloradas.

Diversos agricultores inclinavam-se à ponderação e à benevolência.

---

[5] Nota do organizador: O comunicante refere-se a pessoa de suas relações íntimas, em 1888.

Entretanto, eu era daqueles que pugnavam pela escravatura irrestrita.

Encolerizado, ergui minha voz.

Admitia que o negro havia nascido para o eito.

Nada de concessões nem transações.

O senhor era senhor com direito absoluto; o escravo era escravo com irremediável dependência.

Aderi ao movimento contrário à proposta havida, e nós, os da violência e da crueldade, ganhamos a causa da intolerância porque, então, Vassouras prosseguiu esperando as surpresas governamentais, sem qualquer alteração.

De volta ao lar, porém, vim a saber que a inspiração da providência sugerida partira inicialmente de um homem simples, de um homem escravizado...

Esse homem era Ricardo, servo de minha casa, a quem presumia dedicar minha melhor afeição.

Era meu companheiro, meu confidente, meu amigo...

Inteligência invulgar, traduzia o francês com facilidade. Comentávamos juntos as notícias da Europa e as intrigas da Corte... Muitas vezes, era ele o escrivão predileto em meus documentários, orientador nos problemas graves e irmão nas horas difíceis...

Minha amizade, contudo, não passava de egoísmo implacável.

Admirava-lhe as qualidades inatas e aproveitava-lhe o concurso, como quem se reconhece dono de um animal raro e queria-o como se não passasse de mera propriedade minha.

Enraivecido, propus-me castigá-lo.

E, para escarmento das senzalas, na sombra da noite, determinei a imediata prisão de quem havia sido para mim todo um refúgio de respeito e carinho, qual se me fora filho ou pai.

Ricardo não se irritou ante o desmando a que me entregava.

Respondeu-me às perguntas com resignação e dignidade.

Calmo, não se abateu diante de minhas exigências.

Explicou-se, imperturbável e sereno, sem trair a humildade que lhe brilhava no espírito.

Aquela superioridade moral atiçou-me a ira.

Golpeado em meu orgulho, ordenei que a prisão no tronco fosse transformada em suplício.

Gritei, desesperado.

Assemelhava-me a fera a cair sobre a presa.

Reuni minha gente e as pancadas – triste é recordá-las! – dilaceraram-lhe o dorso nu, sob meus olhos impassíveis.

O sangue do companheiro jorrou, abundante.

A vítima, contudo, longe de exasperar-se, entrara em lacrimoso silêncio.

E, humilhado por minha vez, à face daquela resistência tranquila, induzi o capataz a massacrar-lhe as mãos e os pés.

A recomendação foi cumprida.

Logo após, porque o sangue borbotasse sem peias, meu carrasco desatou-lhe os grilhões...

Ricardo, na agonia, estava livre...

Mas aquele homem, que parecia guardar no peito um coração diferente, ainda teve forças para arrastar-se, nas vascas da morte, e, endereçando-me inesquecível olhar, inclinou-se à maneira de um cão agonizante e beijou-me os pés...

Não acredito estejais em condições de compreender o martírio de um Espírito que abandona a Terra, na posição em que a deixei...

Um pelourinho de brasas que me retivesse por mil anos sucessivos talvez me fizesse sofrer menos, pois desde aquele instante a existência se me tornou insuportável e odiosa.

A Lei Áurea não me ocupou o pensamento.

E quando a morte me requisitou à verdade, não encontrei no imo do meu ser senão austero tribunal, como que instalado dentro de mim mesmo, funcionando em ativo julgamento que me parecia nunca terminar...

Lutei infinitamente.

Um homem perdido por séculos, em noite tenebrosa, creio eu, padece menos que a alma culpada, assinalando a voz gritante da própria consciência.

Perdi a noção do tempo, porque o tempo para quem sofre sem esperança se transforma numa eternidade de aflição.

Sei apenas que, em dado instante, na treva em que me debatia, a voz de Ricardo se fez ouvir aos meus pés:

— Meu filho!... meu filho!...

Num prodígio de memória, em vago relâmpago que luziu na escuridão de minha alma, recordei cenas que haviam ficado a distância,[6] quadros que a carne da Terra havia conseguido transitoriamente apagar...

Com emoção indizível, vi-me de novo nos braços de Ricardo, nele identificando meu próprio pai... meu próprio pai que eu algemara cruelmente ao poste de martírio e a cuja flagelação eu assistira, insensível, até ao fim...

Não posso entender os sentimentos contraditórios que então me dominaram...

Envergonhado, em vão tentei fugir de mim mesmo.

Em desabalada carreira, desprendi-me dos braços carinhosos que me enlaçavam e busquei a sombra, qual o morcego que se compraz tão somente com a noite, a fim de chorar o remorso que meu pai, meu amigo, meu escravo e minha vítima não poderia compreender...

No entanto, como se a Justiça, naquele momento, houvesse acabado de lavrar contra mim a merecida sentença condenatória, após tantos anos de inquietação, reconheci, assombrado, que meus pés e minhas mãos estavam retorcidos...

Procurei levantar-me e não consegui.

A Justiça vencera.

Achava-me reduzido à condição de um lobo mutilado e urrei de dor... Mas, nessa dor, não encontrei senão aquelas mesmas criaturas que eu havia maltratado, velhos cativos que me haviam conhecido a truculência... E, por muitos deles, fui também submetido a processos pavorosos de dilaceração.[7]

---

[6] Nota do organizador: Ao contato do benfeitor espiritual, a Entidade sofredora entrou a lembrar-se de existência anterior, em que a vítima lhe fora pai na experiência terrestre.
[7] Nota do organizador: Refere-se o comunicante a sofrimentos que experimentou nas regiões inferiores da vida espiritual, sob a vingança de muitas das suas antigas vítimas revoltadas.

Passei, porém, a rejubilar-me com isso.

Guardava, no fundo, a consolação do criminoso que se sente, de alguma sorte, reabilitado com a punição que lhe é imposta.

A expiação era serviço que eu devia à minha própria alma.

Se algum dia pudesse rever Ricardo – refletia –, que eu comparecesse diante dele como alguém que lhe havia experimentado as provações.

Lutei muito, repito-vos!...

Sofri terrivelmente, até que, certa noite, fui conduzido por invisíveis mãos ao lar de um companheiro em cuja simpatia recolhi algum descanso...

Aí, de semana a semana, comecei a ouvir palavras diferentes, ensinamentos diversos, explanações renovadoras.[8]

Modificaram-se-me os pensamentos.

Doce bálsamo alcançou-me o espírito dolorido.

E, desse santuário de transformação, vim, certa feita, ao vosso Grupo.[9]

Há quase dois anos, tive o conforto de desabafar-me convosco, de falar-vos de meus padecimentos e de receber-vos o óbolo de fraternidade e oração.

Mas porque desejasse associar-me mais intimamente ao lar em que me reformava, atirei-me apaixonadamente aos braços dos amigos que me acolhiam, intentando consolidar mais amplamente a nossa afeição.

---

[8] Nota do organizador: Refere-se o comunicante ao culto doméstico do Evangelho, existente no lar do nosso companheiro de quem se havia aproximado.
[9] Nota do organizador: A entidade reporta-se à primeira visita que fez ao nosso Grupo, quando foi atendida por nossa Casa, por meio da incorporação mediúnica, em 1952.

Queria renascer, projetando-me em vosso ambiente... Para isso, busquei-vos como o sedento anseia pela fonte... E tudo fiz para exteriorizar-me; entretanto, eu não possuía forças para mentalizar as mãos e os pés!...

Se eu retomasse a carne, seria um monstro e se concretizasse meu sonho louco teria cometido tremendo abuso...

Além disso, estaria na posição de um aleijado, simplesmente regressando do inferno que havia gerado para si mesmo.

Nesse ínterim, contudo, os instrutores de vossa Casa me socorreram.

Auxiliaram-me, sem alarde, noite a noite, e, graças ao Senhor, meu propósito foi frustrado.

Mas, se é verdade que não pude retratar-me de novo, no campo da densa matéria, para tentar o caminho de reencontro com Ricardo, recebi convosco, ao contato da prece, o reajuste de minhas mãos e de meus pés.

Orando em vossa companhia e mentalizando a minha renovação em Cristo, minha vida ressurge transformada.

Agora, esperarei o dia de minha volta ao campo normal da experiência humana, a fim de, em me banhando na corrente da vida física, apagar o passado e limpar minhas culpas, por meio do trabalho, com a minha justa escravização ao dever, para, então, mais tarde, cogitar da suspirada ascensão.

Mas, porque recompus minha forma, aqui estou convosco e vos digo:

– Aleluia!...

– Viva a liberdade!...

Louvo a liberdade que me permite agora pensar em receber o bem-aventurado cativeiro da prova, favorecendo-me por fim o galardão da cura!...

Amigos, eis que nos achamos em 13 de maio de 1954!...

Para minha alma, depois de 66 anos, raia um novo dia...

Para mim, a luz não tarda!... a luz de renascer! E assim me expresso, porque somente na esfera de luta em que vos encontrais como privilegiados tarefeiros, por bondade de nosso Senhor Jesus Cristo, é que poderei encontrar o sol da redenção.

Agradeço-vos a todos, recomendando-me feliz às preces de todos os companheiros, preces que constituem vibrações de amor que ainda me empenho em recolher, como sementes de renovação para o dia de amanhã que espero, em Jesus, seja enfim abençoado...

Que o Senhor nos ampare.

J. P.

11
REFLEXÕES

À hora habitual das instruções, na reunião da noite de 20 de maio de 1954, fomos honrados com a visita do grande instrutor que conhecemos por frei Pedro de Alcântara, animador de nossos estudos e tarefas, desde a primeira hora de nossa agremiação, e que, apesar de sua elevada hierarquia na Vida Superior, não desdenha o socorro aos irmãos em sofrimento, inclusive a nós mesmos, insignificantes aprendizes da verdade.[10]

Com a sabedoria que lhe é peculiar, em sua mensagem psicofônica inclina-nos à responsabilidade e à meditação, para que saibamos valorizar o tempo e o serviço como empréstimos do Senhor.

Filhos, clareando consciências alheias, defendamo-nos contra a dominação das trevas.

– "*Vem e segue-me!*" – diz o Senhor ao Apóstolo.

– "*Levanta-te e anda!*" – recomenda Jesus ao paralítico.

---

[10] Nota do organizador: Frei Pedro de Alcântara foi contemporâneo da grande mística espanhola Teresa d'Ávila e, tanto quanto ela, é venerado na Igreja Católica.

Para justos e injustos, ignorantes e sábios, o chamamento do Cristo é pessoal e intransferível.

O Evangelho é serviço redentor, mas não haverá salvação para a humanidade sem a salvação do homem.

No mundo, é imperioso refletir algumas vezes na morte para que a existência não nos seja um ponto obscuro dentro da vida, porque o Espírito desce à escola terrena para educar-se, educando.

Dia a dia, milhares de criaturas tornam à pátria espiritual.

Esse caiu sob o fio da espada, aquele tombou ao toque de balas mortíferas. Alguns expiram no conforto doméstico, muitos partem do leito rijo dos hospitais.

Todos imploram luz, mas, se não fizeram claridade em si mesmos, prosseguem à feição de caravaneiros ocultos na sombra.

Não valem títulos do passado, nem exterioridades do presente.

Esse deixou o ouro amontoado com sacrifício.

Aquele renunciou ao consolo de afeições preciosas.

Outro abandonou o poder que lhe não pertencia.

Aquele outro, ainda, foi arrancado à ilusão.

Quantas vezes examinais conosco essas pobres consciências em desequilíbrio que a ventania da renovação vergasta no seio da tempestade moral!...

É por isso que, sob a invocação do carinho e da confiança, rogamos considereis a estrada percorrida.

Convosco brilha abençoada oportunidade.

O Espiritismo é Jesus que volta ao convívio da dor humana.

Não sufoqueis a esperança na corrente das palavras.

Emergi do grande mar da perturbação para o reajuste indispensável!

Não julgueis para não serdes julgados, porque seremos medidos pelo padrão que aplicarmos à alheia conduta.

Ninguém sabe que forças tenebrosas se congregaram sobre as mãos do assassino.

Ninguém conhece o conteúdo de fel da taça que envenenou o coração arremessado ao grande infortúnio.

O malfeitor de hoje pode ser o nosso benfeitor de amanhã.

Desterrai de vossos lábios toda palavra de condenação ou de crítica!...

Desalojai do raciocínio e do sentimento toda névoa que possa empanar a luminosa visão do caminho!...

Somos chamados ao serviço de todos e a nossa inspiração procede do Senhor, que se converteu no escravo da humanidade inteira.

Filhos, urge o tempo.

Sem o roteiro da humildade, sem a lanterna da paciência e sem a bênção do trabalho, não alcançaremos a meta que nos propomos atingir...

Quão fácil mandar, quão difícil obedecer!

Quanta simplicidade na emissão do ensinamento e quanto embaraço na disciplina aos próprios impulsos!...

Jesus ajudou...

Duas grandes e inesquecíveis palavras bastam para cessar a revolta e congelar-nos qualquer ansiedade menos construtiva.

Se Jesus ajudou, por que haveremos de perturbar?

Se Jesus serviu, com que privilégio exigiremos o serviço dos outros?

Reunimo-nos hoje em velhos compromissos.

Digne-se o Senhor alertar-nos na reconstituição de nossos destinos.

Não vos pedimos senão a dádiva do entendimento fraterno, com aplicação aos princípios que esposamos, reconhecendo a insignificância de nossas próprias almas.

Somos simplesmente um amigo.

Não dispomos de credenciais que nos assegurem o direito de exigir, mas rogamos observeis os minutos que voam.

Desdobrar-se-ão os dias e a perda de nossa oportunidade diante do Cristo pode ser também para nós mais distância, mais saudade, mais aflição...

Não aspiramos para nós outros senão à felicidade de amar-vos, desejando-vos a beleza e a santidade da vida.

Aceitamos nosso trabalho e nossa lição.

Quem foge ao manancial do suor, costuma encontrar o rio das lágrimas.

Aqueles que não aprendem a dar de si mesmos não recolhem a celeste herança que nos é reservada pelo Senhor.

Filhos de nossa fé, urge o tempo!

Isso equivale dizer que a cessação do ensejo talvez não tarde.

Façamos luz na senda que nos cabe percorrer.

Retiremo-nos do nevoeiro.

Olvidemos o passado e convertamos o presente em glorioso dia de preparação do futuro!...

E que Jesus, em sua infinita bondade, nos aceite as súplicas, revigorando-nos o espírito no desempenho dos deveres com que fomos honrados, à frente de seu incomensurável amor.

Pedro de Alcântara

12
Ante a reencarnação

Nas tarefas da noite de 27 de maio de 1954, consoante as informações dos nossos benfeitores espirituais, e, segundo deduzimos das diversas comunicações obtidas de entidades sofredoras, nosso Grupo achava-se repleto de companheiros desencarnados, sequiosos de reencarnação, muitos deles implorando a volta à carne como único recurso de solução aos problemas que lhes torturavam a alma.

Primeiramente Emmanuel, o nosso Instrutor de sempre, incorporou-se ao médium e transmitiu-nos o apontamento que passamos a transcrever:

Meus amigos, a paz do Senhor seja conosco.

Enquanto a Escola espiritual na Terra prepara as criaturas reencarnadas para o fenômeno da morte, em nosso plano de ação essa mesma Escola prepara as criaturas desencarnadas para o aprendizado da existência no corpo físico.

Atento a este programa, nosso irmão Cornélio tomará hoje o equipamento mediúnico, a fim de dirigir-se, por alguns momentos, à grande assembleia de companheiros que se achegam ao nosso recinto, suspirando pelo retorno ao templo de luta na matéria mais densa.

Passemos, desse modo, a palavra ao nosso amigo e que Jesus nos abençoe.

EMMANUEL

> Logo após, o irmão Cornélio Mylward, que foi generoso médico em Minas Gerais e que frequentemente nos assiste com a sua dedicação fraterna, tomou o campo mediúnico e, em voz grave e pausada, dirigiu aos desencarnados presentes o apelo a seguir:

Sim, disputais novos recursos de esclarecimento e redenção no precioso santuário da carne...

Muitos de vós aguardais para breve essa dádiva, por meio de petições que não nos é lícito examinar.

Indubitavelmente, na maioria das vezes, nosso regresso ao trabalho no mundo físico exprime verdadeiro prêmio de luz...

Para que obtenhamos tal concessão, porém, é indispensável nosso concurso com a Lei divina, obedecendo-lhe aos regulamentos que definem o Bem infinito, em todas as suas manifestações.

É preciso modificar os nossos "clichês" mentais para que a nossa volta à escola terrestre signifique recomposição e refazimento. Essa transformação, contudo, não será levada a efeito apenas à força de preces, meditações e conclusões em torno do passado.

Faz-se imprescindível a dinâmica da ação.

O serviço será sempre o grande renovador de nossa vida consciencial, habilitando-nos à experiência reconstrutiva, sob a inspiração de nosso Divino Mestre e Senhor.

Não conquistaremos o vestuário carnal entre os homens sem aquisição de simpatia entre eles.

É necessário gerar no espírito daqueles nossos associados do pretérito, que se encontram no educandário humano, a atitude favorável à solução dos nossos problemas.

Templos religiosos, estabelecimentos hospitalares, círculos de assistência moral, domicílios angustiados, cárceres de sofrimento, palcos de tortura expiatória... eis nosso vasto setor de concurso fraterno!

Nessas esferas de regeneração e corrigenda, companheiros encarnados e desencarnados, padecentes e aflitos, expressam o material de nossa preparação.

A fim de esquecer velhas provas, aliviemos as provas alheias.

Para desobstruir o caminho de nossa consciência culpada, devemos favorecer a libertação dos que suportam fardos mais pesados que os nossos, porque ajudando aos nossos semelhantes angariaremos o auxílio deles, fazendo-nos, ao mesmo tempo, credores do amparo daqueles irmãos maiores que nos estendem próvidos braços da Vida Superior.

Pacifiquemos o espírito, oferecendo mãos amigas aos que peregrinam conosco, e construiremos o trilho de acesso à preciosa luta de que carecemos na própria reabilitação.

Somente a atividade em socorro ao próximo conseguirá renovar-nos a fonte do pensamento, traçando-nos seguras diretrizes, pois sob o guante de nossas lembranças constringentes o esforço da reencarnação redundará impraticável, uma vez que nossas reminiscências infelizes são fatores desequilibrantes de nosso mundo vibratório, impedindo-nos a formação de novo instrumento fisiológico suscetível de conduzir-nos à reorganização do próprio destino.

Expurguemos a mente, apagando recordações indesejáveis e elevando o nível de nossas esperanças, porque, na realidade, somos arquitetos de nossa ascensão.

Somente ao preço de uma vontade vigorosa e pertinaz, situada no bem comum, é que lograremos conquistar o interesse dos grandes instrutores em prol da concretização de nossas aspirações mais nobres.

Regenerando a química de nossos sentimentos, o que decerto nos custará renunciação e sacrifício, atingiremos mais clara visão para reencontrar os laços de nosso pretérito, e, então, segundo os dispositivos da hereditariedade, que traduz parentesco de inclinações e compromissos, seremos requisitados pelas criaturas que se afinam conosco, tanto quanto, desde agora, estão elas sendo requisitadas por nossos anseios.

Reaproximar-nos-emos, desse modo, de quantos se harmonizam com a experiência em que nos demoramos, e, aderindo-lhes à existência, seremos defrontados pelas provas condizentes com a nossa natureza inferior, comungando-lhes o pão de luta, indispensável à recuperação de nossa felicidade.

Mas, se nos abeiramos de nossos futuros pais e de nossos futuros lares, envoltos na tempestade da incompreensão e da indisciplina, apenas espalharemos, ao redor de nós, desarmonia e frustração, porquanto, em verdade, o nosso caminho na vida será sempre a projeção de nós mesmos.

Purifiquemo-nos por dentro quanto seja possível, olvidando todo o mal!

Lançar sobre os elementos genésicos a energia viciada dos lamentáveis enganos que nos precipitaram à sombra, será prejudicar o corpo que a herança terrena nos reserva, reduzindo-nos as possibilidades de vitória no combate de amanhã.

Só existe, portanto, para nós um remédio eficaz: o trabalho digno com que possamos erguer o espírito ao plano superior que presentemente buscamos.

Trabalho que nos corrija e nos aproxime de Deus.

CORNÉLIO MYLWARD

13
ELEVAÇÃO

Na reunião da noite de 3 de junho de 1954, nosso instrutor Emmanuel ocupou, de novo, o instrumento mediúnico, transmitindo-nos valioso apelo à ação constante no bem.

Meus amigos:

É preciso lembrar que a Providência Divina nos oferece degraus de ascensão em todas as circunstâncias da existência.

Devemos, todavia, sustentar a disposição de subir a fim de encontrá-los.

Tudo nos domínios do Universo é sagrada elevação.

Desentranha-se o verme, fugindo às trevas do subsolo, para buscar na superfície da Terra o beijo fecundante da luz.

Desenfaixa-se o princípio germinativo da semente, despojando-se dos pesados envoltórios que o enleiam, para enriquecer a espiga farta, ante a música do vento, ao esplendor festivo do Sol.

Não vos detenhais na indiferença ou na expectação.

Escalai pacificamente a senda preparatória do imenso futuro!

Não percais o sublime presente com os fantasmas da noite, a se expressarem nas palavras vazias ou nos pensamentos inúteis.

Todos somos chamados à exaltação do eterno dia!

Amai, aprendei, servi, crede e esperai!...

Cultivemos, sobretudo, a alegria e a bondade, para que a paz laboriosa, em nossa estrada, se exprima em trabalho frutífero e incessante.

Acordai, cada manhã, procurando os degraus do aperfeiçoamento que nos impelem à harmonia e à vitória!...

Ei-los que surgem, conduzindo-nos à grande superação...

É a dificuldade gerando experiência, a dor argamassando alegria, o mal desafiando-nos ao bem e o ódio reclamando-nos amor.

Ouçamos o apelo silencioso das horas e dirijamo-nos para o mais Alto, porque a vida é o carro triunfante do progresso, avançando sobre as rodas do tempo, e quando não nos firmamos no lugar que nos cabe dentro dele, arremessamo-nos à sombra da retaguarda ou somos lamentavelmente acidentados por sua marcha incoercível.

Que o Senhor nos abençoe.

EMMANUEL

14
A MELODIA DO SILÊNCIO

Na fase terminal de nossas tarefas na noite de 10 de junho de 1954, tivemos a afetuosa visita de Meimei, a nossa companheira de sempre, que, utilizando os recursos psicofônicos do médium, falou-nos sobre os méritos do silêncio, em nossa construção espiritual.

Repara a melodia do silêncio nas criações divinas.

No Céu, tudo é harmonia sem ostentação de força.

O Sol brilhando sem ruído...

Os mundos em movimento sem desordem...

As constelações refulgindo sem ofuscar-nos...

E, na Terra, tudo assinala a música do silêncio, exaltando o amor infinito de Deus.

A semente germinando sem bulício...

A árvore ferida preparando sem revolta o fruto que te alimenta...

A água que hoje se oculta no coração da fonte, para dessedentar-te amanhã...

O metal que se deixa plasmar no fogo vivo, para ser-te mais útil...

O vaso que te obedece sem refutar-te as ordens...

Que palavras articuladas lhes definiriam a grandeza?

É por isso que o Senhor também nos socorre, por meio das circunstâncias que não falam, por intermédio do tempo, o sábio mudo.

Não quebres a melodia do silêncio, onde tua frase soaria em desacordo com a Lei de Amor que nos governa o caminho!

Admira cada estrela na luz que lhe é própria...

Aproveita cada ribeiro em seu nível...

Estende os braços a cada criatura dentro da verdade que lhe corresponda à compreensão...

Discute aprendendo, mas, porque desejes aprender, não precisas ferir.

Fala auxiliando, mas não te antecipes ao juízo superior, veiculando o verbo à maneira do azorrague inconsciente e impiedoso.

"Não saiba tua mão esquerda o que deu a direita" – disse-nos o Senhor.

Auxilia sem barulho onde passes.

Recorda a ilimitada paciência do Pai celestial para com as nossas próprias faltas e ajudemos, sem alarde, ao companheiro da romagem terrestre que, muitas vezes, apenas aguarda o socorro de nosso silêncio, a fim de elevar-se à comunhão com Deus.

MEIMEI

15
Advertência

Em nossas atividades da noite de 17 de junho de 1954, antes do socorro habitual aos irmãos conturbados e sofredores, havíamos efetuado breve leitura acerca da mediunidade e do amor cristão, preparando ambiente adequado às nossas tarefas. E, ao término da reunião, fomos agradavelmente surpreendidos com a visita de um novo amigo que não conhecíamos pessoalmente, em nossas lides de intercâmbio – Argeu Pinto dos Santos –, logo identificado por um de nossos companheiros que lhe foi filho na experiência física.

Espírita convicto, Argeu militou na mediunidade em Cachoeiro de Itapemirim, estado do Espírito Santo, trazendo-nos na presente mensagem o resultado de seus próprios estudos.

Meus amigos, vossa leitura desta noite abordou, com oportunos ensinamentos, a mediunidade e o amor fraterno. Dois temas vivos que se conjugam, encarecendo a excelência do serviço que repousa em nossas mãos.

É importante lembrar que o Espiritismo é o Evangelho Redivivo e puro, atuando, de novo, entre os homens, a fim de que não sejamos inclinados ao vampirismo, admiravelmente rotulado de preciosidade doutrinal.

De nossa parte, usufruímos também o privilégio de partilhar a tarefa espírita, no setor mediúnico, em passado próximo.

E, agora, cremo-nos habilitados a declarar que espiritista algum, enquanto na carne, consegue avaliar em toda a sua extensão o tesouro de bênçãos que lhe enriquece a alma, porque semelhantes bênçãos exprimem o trabalho e a responsabilidade com que devemos assimilar a nossa Doutrina, venerável escultora do caráter cristão em nossa própria vida.

O nosso Ênio[11] dará testemunho das notícias que vos trazemos.

Depois do regresso à pátria espiritual, reconhecemos que a mediunidade não basta só por si.

Espíritos que se graduam na esfera do sentimento, nos mais diversos tons evolutivos, acompanham de perto a marcha humana e é preciso evitar a companhia daqueles irmãos que, embora exonerados do corpo denso, jazem ainda profundamente vinculados às sensações inferiores do campo físico, a fim de que não venhamos a transformar o nosso movimento de elevação moral em descida às zonas escuras de subnível.

É fácil observar que muitos companheiros começam abraçando a fé e acabam esposando preocupações subalternas.

Muitos iniciam o apostolado, assinalando a grandeza dos compromissos que assumem, entretanto, por vezes, olvidam, apressados, que Espiritismo é ascensão com Jesus ao calvário de nosso acrisolamento para a Luz Divina e confiam-se a entidades que ainda sofrem o fascínio do comércio malsão, metamorfoseando-se em caçadores do êxito mundano, no qual tantos nos barateiam o estandarte de princípios sagrados, convertendo-o na bandeira cinzenta do desânimo para todos os que nos

---

[11] Nota do organizador: O comunicante se refere ao nosso irmão Ênio Santos, companheiro do Grupo, que lhe foi filho na vida material.

batem à porta, suspirando por socorro espiritual e terminando, desapontados, diante do nosso exemplo desencorajador.

A mediunidade, para triunfar, precisa reconhecer que o amor fraterno é a chama capaz de purificá-la.

Compete-nos hipotecar nossas forças à obra de redenção das nossas atividades, porquanto não é justo oferecer pão ao faminto e agasalho aos nus, relegando-lhes o espírito à sombra da ignorância.

É louvável dar o que temos nas mãos; contudo, é mais importante dar nossas mãos para que o ajudado aprenda a ajudar-se.

Consideramos indispensável uma campanha de boa vontade, suscetível de alijar da nossa luta benemérita tudo aquilo que represente acomodação com o menor esforço, para que o nosso ideal traduza lição de nosso Senhor Jesus Cristo em nossas atitudes de cada hora.

Para isso, porém, é inadiável o esforço ingente de nossa própria regeneração, de modo a não perdermos tanta esperança na música das palavras vazias.

Devemos estabelecer a competência mediúnica em base de solidariedade humana, a expressar-se em serviço aos semelhantes, entendendo, no entanto, que ninguém pode servir, ignorando como servir.

Disso decorre o impositivo de luz em nosso cérebro e em nosso coração, para que o serviço espiritista seja realização do divino Mestre conosco e por nós.

Arejemos, pois, o mundo íntimo no santuário da educação, para que a mediunidade e o amor não se escravizem à sombra, e roguemos ao Pai Celestial nos conceda a precisa coragem de viver o Evangelho de Jesus, hoje e sempre.

Argeu Pinto dos Santos

16
Amarga experiência

Na noite de 24 de junho de 1954, tivemos a agradável e comovente surpresa da visita de um companheiro que, tempos atrás, fora assistido pelos instrutores espirituais, por intermédio de nosso Grupo.

Lembramo-nos de que, em seu primeiro contato conosco, trazia a mente obcecada por visões de ouro.

Regressando às nossas tarefas, na noite mencionada, deixou-nos a sua "amarga experiência", que constitui, em verdade, uma grande lição para nós todos. Por meio dela, podemos observar como as ideias inferiores, com o tempo, se cristalizam em nossa alma, impondo-nos aflitiva fixação mental, decorrente de nossas próprias criações íntimas.

O irmão F..., nome pelo qual passaremos a designar o companheiro, cuja mensagem vamos transcrever, foi na Terra grande banqueiro. Certamente não foi um criminoso, na acepção comum do termo, mas, pelo conteúdo espiritual de suas manifestações, parece haver sido um desses homens "nem frios, nem quentes", do símbolo evangélico, que, trazendo a mente amornada na ideia do ouro, durante a existência na carne, ficou por ela dominado em seus primeiros tempos, além da morte.

Senhores!

Perdoai-me o tratamento, entretanto, não me sinto à altura de chamar-vos "amigos" ou "irmãos".

Sou apenas um mendigo de retorno ao vosso templo de caridade, a fim de agradecer, ou simplesmente um homem desencarnado, em tremenda guerra consigo mesmo, para não se arrojar ao abismo da loucura, porquanto a loucura, quase sempre, resulta de nossa inconformação ante a realidade das situações e das coisas.

Com aprovação de vossos orientadores, venho trazer-vos o meu reconhecimento e algo de minha amarga experiência, como aviso de um náufrago aos viajantes do mundo.

Quantas vezes afirmei que o dinheiro era a solução da felicidade!...

Quanto tempo despendi, acreditando que a dominação financeira fosse o triunfo real na Terra!...

No entanto, a morte me assaltou em plena vida, assim como o tiro do caçador surpreende o pássaro desprevenido no mato inculto...

Como foi o meu desligamento do corpo físico e quantos dias dormi na sombra, por agora, nada sei dizer.

Sei hoje apenas que acordei no espaço estreito do sepulcro, com o pavor de um homem que se visse repentinamente enjaulado.

Sufocava-me a treva espessa.

Horrível dispneia agitava-me todo.

Queria o ar puro...

Instruções psicofônicas

Respirar... respirar...

E gritei por socorro.

Meus brados, contudo, se perdiam sem eco.

Ao cabo de alguns instantes, notei que duas mãos vigorosas me soergueram e vi-me, depois de estranha sensação, na paz do campo, sorvendo o ar fresco da noite.

Que lugar era aquele?

Uma casa sem teto?

De repente, a cambalear, reconheci-me rodeado de grandes caixas-fortes...

Ao frouxo clarão da Lua, reparei que essas caixas-fortes surgiam milagrosamente douradas...

Tateei-as com dificuldade, percebi palavras em alto-relevo e verifiquei que eram túmulos...

Espavorido, transpus apressado as grades daquela inesperada prisão.

Vi-me, semilouco, na via pública.

Devia ser noite alta.

Na rua, quase ninguém...

Um bonde retardado apareceu.

Achava-me doente, inquieto e exausto, mas ainda encontrei forças para clamar:

— Condutor!... condutor!...

O homem, porém, não me ouviu.

Caminhei mais depressa.

Tomei o veículo em movimento e consegui a situação do pingente anônimo; todavia, com espanto, observei que o bonde era todo talhado em ouro...

As pessoas que o lotavam vestiam-se de ouro puro.

O motorneiro envergava uniforme metálico.

Intrigado, sentia medo de mim mesmo.

E, para distrair-me, tentei estabelecer uma conversação com vizinhos.

Os circunstantes, porém, pareciam surdos.

Ninguém me ouvia.

Vencendo embaraços indefiníveis, alcancei minha residência.

As portas, no entanto, jaziam cerradas.

Esmurrei, chamei, supliquei...

Mas tudo era silêncio e quietação.

E quando fitei o frontispício do prédio, o ouro me cercava por todos os lados.

Acomodei-me no chão de ouro e tentei conciliar, debalde, o sono, até que, manhãzinha, a porta semiaberta permitiu-me a entrada franca.

Tudo, porém, alterara-se em minha ausência.

Ninguém me reconheceu.

Fatigado, avancei para meu leito...

Mas o velho móvel apresentava-se-me agora em ouro maciço.

Senti sede e procurei a água simples, entretanto, o líquido que jorrava era ouro, ouro puro...

Faminto, busquei nosso antigo depósito de pão.

O pão, todavia, transformara-se.

Era precioso bloco de ouro, de cuja existência, até então, não tinha qualquer conhecimento em nossa casa.

Meditei... meditei...

Todos os meus afeiçoados como que conspiravam contra mim...

Não passava de intruso em minha própria moradia.

Dia terrível aquele em que reassumia ou tentava reassumir o meu contato com os seres amados que, naturalmente, me deviam assistência e carinho!...

Depois de vastas reflexões julguei-me dementado.

Assinalei, dentro de mim, a necessidade do amparo religioso.

Iniciei dolorido exame de consciência.

Seria eu católico?

Em verdade, se eu me houvesse consagrado à religião, não teria outra escola de fé.

Colaborara no erguimento de instituições pias.

Conhecia pessoalmente o Senhor Arcebispo.

Convivera com sacerdotes.

Frequentava, de quando em quando, as igrejas, por imperativos da vida social.

Conhecia as obrigações do culto exterior.

Ai de mim!... por que não obtinha o repouso necessário?

Passou o dia e veio a noite.

Alta madrugada, tornei à via pública e nela perambulei, vacilante, procurando, através dos templos, alguma porta que se me descerrasse, acolhedora.

As igrejas, no entanto, estavam repletas.

Movimento enorme.

Mais tarde, vim a saber que outros desencarnados como eu imploravam socorro...

Vagueei... vagueei... até que atingi um santuário de bairro humilde.

Amanhecia...

Vários grupos de crentes chegavam para a missa.

Gente simples, gente pobre.

Entrei.

Conturbado e aflito, senti necessidade da confissão.

Afinal, eu era um católico que relaxara a própria fé.

Sem que ninguém me escutasse os apelos, pedi a presença de um padre.

Avancei para o confessionário e pus-me de joelhos, mas, em poucos momentos, o confessionário convertia-se para mim num guichê de banco.

Sobressaltado, ergui meus olhos para o altar.

O altar, porém, transformara-se em cofre-forte.

Intentei consolar-me com a visão do missal, mas o livro do culto, de repente, surgiu metamorfoseado num velho livro de minha propriedade, em que eu lançava, às ocultas, as minhas notas de rendimento real.

Diligenciei isolar-me.

Temia a loucura completa.

Ainda assim, levantei meu olhar para a imagem da Virgem Maria.

Naturalmente, ela teria pena de mim, contudo, ante a minha atenção, a imagem reduziu-se a uma joia de alto preço...

Fez-se toda de ouro, de ouro puro...

Voltei-me para dentro de mim.

Busquei orar, orar, orar... sem poder.

A missa começara e tive a esperança de que o momento reservado à Comunhão Eucarística seria aquele da visitação do Santíssimo Sacramento.

O Santíssimo purificaria o lugar em que eu, pecador, me encontrava...

Todavia, quando alcei meus olhos para o sacerdote, que empunhava, então, o cálice sagrado, notei que as hóstias eram moedas tilintantes.

Horrorizado, tentei reconfortar-me com a visão da cruz...

Procurei-a, acima do altar que se havia erigido em cofre-forte, mas a cruz transformou-se também num grande cifrão...

Ó Deus! que restava, então, de mim, senão o usurário vencido?!...

Apavorado, tornei à rua.

Sentia agora mais sede, muita sede...

Voltei-me para o corpo da igreja, como um filho expulso do próprio lar; contudo, não mais a vi.

Apenas, estranha voz no alto gritou aos meus ouvidos, ensurdecedoramente:

– Amigo, os filhos de Deus encontram nas casas de Deus aquilo que procuram... Procuravas o ouro... Ouro encontraste...

Qual mendigo desamparado, fugi sem destino.

Queria agora apenas água, água pura que me dessedentasse.

Conhecia a cidade.

Demandei uma caixa d'água que me era familiar no alto do bairro de Santo Antônio.[12]

A água, ali, corria em jorros.

Podia debruçar-me...

Podia beber como se eu fora um animal e, prostrado, não mais de joelhos, mas de rastros, imploraria a graça de Deus.

Achei a água corrente, a água límpida visitada pela luz do sol e estirei-me no chão...

Mas, no momento preciso em que meus lábios sequiosos tocaram o líquido puro, apenas o ouro, o ouro apareceu...

Reconheci haver descido à condição de um alienado mental.

Lembrei-me, então, de velho amigo... Cícero Pereira...[13]

Cícero era espírita e, por esse motivo, tornou-se para mim alguém que eu supunha, em minha triste cegueira, haver deixado na retaguarda da loucura.

Bastou a recordação para que a voz dele se me fizesse ouvida.

Acudia-me ao chamado.

Amparou-me.

Conversou comigo.

---

[12] Nota do organizador: Refere-se o comunicante a um dos bairros da cidade de Belo Horizonte.
[13] Nota do organizador: Reporta-se a Cícero Pereira, batalhador da Causa Espírita, em Minas Gerais, cuja palavra figura também neste livro.

Depois de algumas horas de esclarecimento, que eu não pude aquilatar com segurança, trouxe-me para junto de vós.

Sobre a mesa que vos serve, depararam-se-me folhas impressas que me pareceram cédulas valiosas.

Esforcei-me por fixar o Evangelho que compulsáveis no estudo, mas, contemplando o livro divino, nele identifiquei apenas um livro de cheques...

Não obstante atordoado, registrei-vos a palavra consoladora.

Fui socorrido.

De imediato, quase nada pude reter de vossos apelos e ensinamentos.

Contudo, depois de alguns dias, o benefício das exortações recebidas renovou-me o íntimo e, de amigos espirituais que presentemente me ajudam a recuperação, aceitei a incumbência de lidar com os associados de meu pretérito, velhos conhecidos e amigos que manejam o dinheiro do mundo, para, por meio deles, algo realizar que me possa refazer a esperança...

Desde então, tenho falado em espírito, com mais de mil pessoas, com mais de mil depositantes de ouro e preciosidades, suplicando atenção para a caridade...

Entretanto, qual aconteceu com as sentinelas da vida espiritual que me buscavam noutro tempo, tenho visto apenas ouvidos de mármore, cabeças de pedra e corações de gelo...

Somente agora, nesta semana, atingi um grande resultado.

Aproximei-me, com êxito, de um homem que guardava algumas economias.

Pude abeirar-me dele e dar-lhe um pensamento: "Oferecer um cobertor a uma viúva pobre".

Ele acatou a sugestão.

Comprou o cobertor e, em minha companhia, ele mesmo entregou essa esmola de agasalho a quem tinha frio!...

Então, pela primeira vez, depois da morte, uma nova alegria brotou de minha alma!...

Tenho hoje a ventura de crer que as visões do ouro terrestre ficarão para trás... Doravante, espalharei, de coração erguido a Jesus, o ouro do trabalho, o ouro do pão, o ouro da água, o ouro da prece...

Ó Senhor, que esses fios de algodão, dados de boa vontade, me envolvam também agora!...

Sejam eles o primeiro sinal de minha definitiva renovação, a luz da prece de reconhecimento que venho, feliz, partilhar convosco!...

Senhores, muito obrigado!

Que Deus vos recompense!...

F.

17
NA VIAGEM DO MUNDO

Na noite de 1º de julho de 1954, o Grupo recebeu a visita de Dalva de Assis, abnegada Orientadora espiritual das tarefas doutrinárias de alguns dos componentes de nossa agremiação.

Com a sua palavra encantadora e simples, mostrou-nos como a sombra lança mão de vários subterfúgios para embaraçar-nos o passo, na conquista do aprimoramento espiritual, despertando-nos, ao mesmo tempo, para a rota cristã, a fim de que não nos falte a bússola da bondade e da fé, com a qual encontraremos o porto da Luz e da Verdade.

"Quem me segue não anda em trevas..." – prometeu-nos o Eterno Amigo.

Se avanças, assim, em companhia do Mestre, sob o nevoeiro do mundo, muitas vezes serás interpelado pela sombra, por meio daqueles que te palmilham a senda.

Em plena estrada, dir-te-á pelo rebelde:

— Perdão é covardia.

O ódio alimenta.

Incendeia o caminho.

Oprime e passa.

Dir-te-á pelo ambicioso:

— Não cogites dos meios para alcançar os fins.

Dar é tolice.

O interesse acima de tudo.

Mais vale um vintém na Terra que um tesouro nos Céus.

Exclamará para os teus ouvidos pela boca dos viciosos:

— Nada além da carne.

Come e bebe.

Goza o dia.

Embriaga-te e esquece.

Exortar-te-á pelo usuário:

— Não desdenhes a bolsa farta.

Serviço é privilégio da ignorância.

Migalha bem furtada, riqueza justa.

Ajuda a ti mesmo, antes que os outros te desajudem.

Dir-te-á pelo pessimista:

— Nada mais a fazer.

Que te importa o destino?

Não vale a pena...

Tudo é ilusão.

Exortar-te-á pelos filhos do orgulho:

— Jamais te humilhes.

O mundo é teu.

Nada além de ti mesmo.

Vence e domina.

Em teu santuário de serviço, dir-te-á pelo chefe:

— Não reclames.

Obedece e cala-te.

Estou fatigado...

Não me perturbes.

Pela voz do subordinado, gritará, inquietante:

— Não te aproximes.

Não te suporto.

Pagar-me-ás a injustiça.

Maldito sejas.

E acentuará pela boca do companheiro:

— Desaparece.

Não me aborreças.

Estou farto.

A culpa é tua...

Em casa, dir-te-á pelos mais amados:

— És a nossa vergonha.

Enlouqueceste...

Que fizeste de nós?

Não passas de um fraco...

Mas, no imo da alma, escutarás a palavra do Senhor, na acústica do coração:

— Brilhe tua luz.

Ama sem exigência.

Serve a todos.

Ampara indistintamente.

Não desesperes.

Tem bom ânimo.

Ora pelos adversários.

Ajuda a quem te calunia.

Perdoa setenta vezes sete.

A quem te pedir a túnica, oferece também a capa.

Ao que te pedir a jornada de mil passos, caminha com ele dois mil.

Renúncia é conquista.

A dor é bênção.

Sacrifício é glória.

O trabalho é superação.

A luta é pão da vida.

A cruz é triunfo.

A morte é ressurreição.

Se souberes ouvir o celeste Orientador, aprenderás servindo e servirás amando...

E, reconhecendo a tua condição de simples viajante no mundo, usarás, cada dia, a bússola da bondade e da fé, no divino silêncio, nutrindo a certeza de que aportarás, amanhã, sob a inspiração de Jesus, na grande praia da verdade, onde encontrarás, enfim, a tua vitória eterna.

DALVA DE ASSIS

18
DRAMA NA SOMBRA

No encerramento de nossas atividades na noite de 9 de julho de 1954, tivemos a presença de Jorge, um irmão que nos era desconhecido e com quem tomáramos o primeiro contato um ano antes.

Mobilizando as faculdades psicofônicas do médium, relatou-nos o seu "drama na sombra", oferecendo-nos com ele preciosos elementos de estudo.

Ouvindo-o, lembramos-lhe a primeira manifestação, em julho de 1953, quando foi auxiliado por nossos benfeitores espirituais, por meio de nosso Grupo.

Apresentara-se como um louco. Sustentava a cabeça entre as mãos, queixando-se desesperadamente, e alegando que trazia o crânio estilhaçado pela bala de revólver com que exterminara o próprio corpo e cujo estampido parecia eternizar-se dentro de seu cérebro.

Regressando ao nosso Grupo com o presente relato, mostra como age sobre nós a Lei de Causa e Efeito. Homicida direta e indiretamente e suicida, torna-se obsidiado pelas suas vítimas, após o crime em que se comprometeu na existência da carne, fazendo-se presa de Espíritos infernais nas regiões inferiores a que desceu pelo suicídio e somente consegue reequilibrar-se, assimilando com boa vontade o auxílio que lhe foi prestado pelos Espíritos benevolentes e amigos.

> Importante notar que as suas vítimas, com delitos menores, voltam à reencarnação antes dele e ser-lhe-ão pais terrestres, em futuro próximo, para que, dentro do "carma" elaborado pelo trio, possam os três caminhar unidos nas provações expiatórias com que se redimirão diante da Lei.

Quem agradece com sinceridade traz aos benfeitores aquilo de melhor que possui.

Sou pobre vítima do crime e do suicídio que vem depositar em vossas preces uma singela flor de gratidão.

No entanto, para comentar o favor recebido, peço permissão para que minhas lembranças recuem no tempo.

Corria o ano de 1917 e sentia-me um homem feliz entre os mais felizes.

Era moço, otimista e robusto.

Avizinhava-me dos trinta anos e sonhava a organização de meu próprio santuário doméstico.

Anita era minha noiva.

Aqueles que amaram profundamente, guardando, inalteráveis, no peito, a primavera das primeiras aspirações, poderão compreender a floração de esperança que brilhava em minha alma.

A escolhida de minha mocidade encarnava para mim o ideal da perfeita mulher.

Preparávamos o futuro, quando um primo, de nome Cláudio, veio viver em nossa casa no Rio, à caça de estabilidade profissional para a juventude, necessitada de maiores experiências.

Acolhido carinhosamente por meus pais e por mim, e mais moço que eu próprio, passou a ser meu companheiro e meu irmão.

O infortúnio, porém, como que me espreitava de perto, porque Cláudio e Anita, ao primeiro contato, pareceram-me transfundidos na ventura de velho conhecimento.

Pouco a pouco, reconheci que a criatura querida me escapava dos braços e, mais que isso, notei que o amigo se erguia em meu adversário, porque blasonava de minha perda, ironizando-me a inferioridade física.

No decurso de alguns meses, por mais tentasse distanciá-los discretamente, Cláudio e Anita estreitavam os laços da intimidade afetiva, até que fui apeado de meu projeto risonho – tudo quanto a Terra e a vida me ofereciam de melhor.

Instado para entendimento pela antiga noiva, dela recolhi observações inesperadas.

Nosso compromisso era apenas ilusão...

Andara mal inspirada...

Eu não representava para ela, em verdade, o tipo ideal do companheiro...

Não seríamos felizes...

Melhor desfazer a aliança amorosa, enquanto o tempo nos favorecia visão justa...

Senti-me desfalecer.

Preferia a morte à renúncia.

Entretanto, era preciso sufocar o brio humilhado, asfixiar o coração e viver...

Para vós outros, semelhantes confidências podem constituir uma confissão demasiado infantil, todavia, dela necessito para salientar o benefício recolhido em nossas preces.

Recalquei o sofrimento moral.

Escoaram-se os dias.

Cláudio era filho adotivo de nossa casa, comensal de nossa mesa.

Sentindo-se meu irmão, não suspeitava que um ódio terrível se me desenvolvia no coração invigilante.

Meses transcorreram e a gripe, em 1918, castigava a cidade.

Estendera-se a epidemia e Cláudio não lhe resistiu ao assalto. Caiu sob invencível abatimento.

Fui-lhe o enfermeiro desvelado, no entanto, mal podia suportar o devotamento de que o via objeto, por parte da mulher que eu amava.

Não compreendia por que se confiara ela a tamanha versatilidade, e, observando-a, firme e abnegada, em torno do rapaz, entreguei-me gradativamente à ideia do crime.

Numa noite de febre alta, em que o doente reclamava maiores demonstrações de paciência e carinho e em que Anita, fatigada, obtivera, enfim, alguns momentos de sono, eliminei todas as dúvidas. À guisa de remédio, administrei ao enfermo o veneno que o afastaria para sempre de nós.

Na manhã imediata, um cadáver representava a resposta de meu despeito às esperanças da mulher que me preterira.

A morte, contudo, não conseguiu desuni-los, porque Anita, embora afagada por mim, fez-se arredia e desconfiada. Parecia procurar em meus olhos a sombra do remorso que passara a flagelar-me o coração. E, apática, desalentada, renunciando ao porvir, rendeu-se à depressão orgânica, que, aos poucos, lhe abriu caminho para o sepulcro.

Revelava-se contente por entregar ao polvo invisível da tuberculose a taça do próprio corpo.

Quando me vi sozinho, sem os dois, mergulhei no desânimo e no arrependimento.

E entre a silenciosa interrogação de meus pais e a tortura interior que passou a possuir-me, escutava-lhes a voz, desafiando-me em cada canto:

— Jorge! Jorge! que fizeste? que fizeste de nós? Jorge! Jorge! Pagarás, pagarás!...

Os dois fantasmas inexoráveis impeliam-me à morte.

Inútil tentar resistência.

Percebia-os em toda parte, fosse em casa, na via pública ou dentro de mim...

E o desejo de minha própria exterminação começou a empolgar-me...

Em dado instante, resolvi não mais me opor à tentação.

Meus pais eram bons, carinhosos e devotados.

Não lhes podia dar o espetáculo de um suicídio aberto.

Na manhã fatídica, porém, notifiquei à minha mãe que faria a limpeza na arma de um amigo.

Ela pediu-me cuidado.

Contemplei-a enternecidamente pela última vez.

Aqueles cabelos brancos rogavam-me que eu vivesse!

Fixei a mesa de escritório em que meu pai, ausente, costumava trabalhar, e a figura dele visitou-me a imaginação, induzindo-me à calma e ao respeito à vida...

Hesitei.

Não seria mais justo continuar sofrendo no mundo para, com mais segurança, reparar meus erros?

Entretanto, as acusações, em voz inarticulada, martelavam-me o cérebro.

— Jorge, covarde! que fizeste de nós?!...

Decidi-me sem detença.

Demandei o quarto de dormir e com o revólver emprestado espatifei meu crânio.

Ah! desde então suspirei por morar no inferno de fogo terrestre que seria benigno comparado ao tormento que passei a experimentar!...

Creio hoje que as grandes culpas nos transformam o espírito numa esfera impermeável, em cujo bojo de trevas sofremos irremediável soledade, punidos por nossa própria desesperação.

Tenho a ideia de que todos os padecimentos se congregavam em mim.

Desejava ver, possuía olhos, e não via.

Propunha-me ouvir qualquer voz familiar, identificava meus ouvidos, e não ouvia.

Queria movimentar as mãos e, sentindo-as embora, não conseguia acioná-las.

Meus pés! Possuía-os, intactos, entretanto, não podia movê-los.

Achava-me na condição dos mutilados que prosseguem assinalando a presença dos membros que a cirurgia lhes arrancou.

Comigo uma vida nova de fome, sede, amargura e remorso passou a desdobrar-se...

O estampido não tinha fim.

Sempre a bala aniquilando-me a cabeça...

Depois de largo tempo, cuja duração não me é possível precisar, notei que vozes sinistras imprecavam contra mim... Pareciam nascer de furnas sombrias situadas em minha alma...

E sempre envolto na sombra sibilante, sentia um fogo diferente daquele que conhecemos na Terra, uma espécie de lava comburente e incessante, vertendo chamas vivas, a se entornarem de minha cabeça sobre o corpo...

Debalde acariciava o anseio de dormir.

Torturava-me a fome, sem que eu pudesse alimentar-me.

Algumas vezes, pressentia que nuvens do céu se transformavam em temporal... Guardava a impressão de arrastar-me dificilmente sobre o pó, tentando recolher algumas gotas de chuva que me pudessem dessedentar...

Mas, como se eu estivesse vivendo num cárcere inteiriço, sabia que a chuva rumorejava por fora sem que eu lograsse uma gota sequer do precioso líquido.

E, em meio aos tormentos inomináveis, sofria mordidelas e alfinetadas, quais se vermes devoradores me atingissem o crânio, carcomendo-me todo o corpo, a partir da planta dos pés.

Em muitas ocasiões, monstros horripilantes descerravam-me as pálpebras que eu não conseguia reerguer e, como se me falassem através de pavorosas janelas, gritavam sarcasmos e palavrões, deixando-me mais desesperado e abatido.

Sempre aquela sensação da cabeça a esmigalhar-se, dos ossos a se desconjuntarem e da mente a obstruir-se, sob o império de forças tremendas que, nem de leve, até hoje, minha inteligência poderia definir ou compreender...

De nada me valiam lágrimas, petitórios, lamentações...

Ansiava pela felicidade de tocar algum móvel de substância material... Clamava pela bênção de poder transformar as mãos numa concha simples, a fim de recolher algo do pó terrestre e localizar-me por fim...

Assim vivi na condição de um peregrino enovelado nas trevas, até que alguém me trouxe ao vosso templo de orações.

Agora que recuperei a noção do tempo, digo-vos que isso aconteceu precisamente há um ano...

Pude conversar convosco, ouvir-vos a voz.

O médium que me acolheu, à maneira de mãe asilando um filho, era um ímã refrigerante.

Transfundir-me nas sensações de um corpo físico, de que me utilizava transitoriamente embora, deu-me a ideia de que eu era uma lâmpada apagada, buscando reanimar-me na chama viva da existência que me fora habitual e cujo calor buscava reaver desesperadamente.

Depois de semelhante transfusão de forças, observei que energias novas fixavam-se-me no espírito, refazendo-me os sentidos normais e, então, pude gemer...

Tive a felicidade de gemer como antigamente, de chorar como se chora no mundo...

Conduzido a um hospital, recebi tratamento.

Decorridos dois meses, passei a frequentar-vos o ambiente.

Aprendi a encontrar o socorro da oração e, mais consciente de mim, indaguei por Cláudio e Anita.

Obtive a permissão de revê-los.

Oh! prodígio! reencontrei-os enlaçados num lar feliz, tão jovens quanto antes...

Recém-casados, desfrutavam a ventura merecida... Marido e mulher, haviam reconstituído a união que eu furtara...

Aproximei-me deles com imensa emoção.

A noite avançava plena...

Extático, rememorando o pretérito, reconheci que os dois haviam entrado nas vibrações radiosas da prece, passando, logo após, ao sono doce e tranquilo.

Minha surpresa fez-se mais bela.

Afastando-se suavemente do corpo físico, ambos estenderam-me os braços, em sinal de perdão e de amor...

E, enquanto me entregava ao pranto de gratidão, alguém que está convosco,[14] e é para todos nós uma irmã devotada e infatigável, anunciou-me aos ouvidos:

— Jorge, o novo dia espera por você. Cláudio e Anita, hoje reencarnados, oferecem-lhe ao coração a bênção de novo abrigo!... Em verdade, você receberá um corpo castigado, um instrumento experimental em que se lançará à recuperação da harmonia... A fim de restaurar-se, sofrerá você como é justo, mas todos nós, na ascensão para Deus, não prescindiremos do concurso da dor, a divina instrutora das almas... Regozije-se, ainda assim, porque, neste santuário de esperança e ternura, será você amanhã o filho abençoado e querido!...

Despedi-me, radiante.

E agora, tomado de fé viva, trago-vos a mensagem de meu reconhecimento.

Oxalá possa eu merecer a graça de um corpo torturado e doente, em que, padecendo, me refaça e em que, chorando, me reconforte...

Sei que, para as minhas vítimas do passado e benfeitores do presente, serei ainda um fardo de incerteza e lágrimas, contudo, pelo trabalho e pela oração, encontraremos, enfim, o manancial do amor puro que nos guardará em sublime comunhão para sempre.

Amigos, recebei minha ventura!

---

[14] Nota do organizador: O comunicante refere-se ao Espírito Meimei.

Para exprimir-vos gratidão nada tenho... Mas, um dia, estaremos todos juntos na Vida Eterna e, com o amparo divino, repetirei convosco a inesquecível invocação desta hora: "Que Deus nos abençoe!...".

JORGE

19
ALERGIA E OBSESSÃO

A noite de 15 de julho de 1954 trouxe-nos a alegria do primeiro contato com o Espírito do Dr. Francisco de Menezes Dias da Cruz, distinto médico e denodado batalhador do Espiritismo, que foi presidente da Federação Espírita Brasileira, no período de 1889 a 1895, desencarnado em 1937.

Tomando as faculdades psicofônicas do médium, pronunciou a palestra aqui transcrita, que consideramos precioso estudo em torno da obsessão.

Subordinando o assunto ao tema "alergia e obsessão", elucida-nos sobre a maneira pela qual facilitamos a influenciação das entidades infelizes ou inferiores em nosso campo físico, desde as mais simples perturbações epidérmicas aos casos dolorosos de avassalamento psíquico.

Quem se consagra aos trabalhos de socorro espiritual há de convir, por certo, em que a obsessão é um processo alérgico, interessando o equilíbrio da mente.

Sabemos que a palavra "alergia" foi criada, neste século, pelo médico vienense Von Pirquet, significando a reação modificada nas ocorrências da hipersensibilidade humana.

Semelhante alteração pode ser provocada no campo orgânico pelos agentes mais diversos, quais sejam os alimentos, a poeira doméstica, os pólens das plantas, os parasitos da pele, do intestino e do ar, tanto quanto as bactérias que se multiplicam em núcleos infecciosos.

As drogas largamente usadas, quando em associação com fatores protéicos, podem suscitar igualmente a constituição de alérgenos alarmantes.

Como vemos, os elementos dessa ordem são exógenos ou endógenos, isto é, procedem do meio externo ou interno, em nos reportando ao mundo complexo do organismo.

A medicina moderna, analisando a engrenagem do fenômeno, admite que a ação do anticorpo sobre o antígeno, na intimidade da célula, liberta uma substância semelhante à histamina, vulgarmente chamada substância "H", que agindo sobre os vasos capilares, sobre as fibras e sobre o sangue, atua desastrosamente, ocasionando variados desequilíbrios, a se expressarem, de modo particular, na dermatite atípica, na dermatite de contato, na coriza espasmódica, na asma, no edema, na urticária, na enxaqueca e na alergia séria, digestiva, nervosa ou cardiovascular.

Evitando, porém, qualquer preciosismo da técnica científica e relegando à medicina habitual o dever de assegurar os processos imunológicos da integridade física, recordemos que as radiações mentais, que podemos classificar por agentes "R", na maioria das vezes se apresentam, na base de formação da substância "H", desempenhando importante papel em quase todas as perturbações neuropsíquicas e usando o cérebro como órgão de choque.

Todos os nossos pensamentos definidos por vibrações, palavras ou atos, arrojam de nós raios específicos.

Assim sendo, é indispensável curar de nossas próprias atitudes, na autodefesa e no amparo aos semelhantes, porquanto a cólera e a irritação, a leviandade e a maledicência, a crueldade e a calúnia, a irreflexão e a brutalidade, a tristeza e o desânimo, produzem elevada percentagem de agentes "R", de natureza destrutiva, em nós e em torno de nós, exógenos e endógenos, suscetíveis de fixar-nos, por tempo indeterminado, em deploráveis labirintos da desarmonia mental.

Em muitas ocasiões, nossa conduta pode ser a nossa enfermidade, tanto quanto o nosso comportamento pode representar a nossa restauração e a nossa cura.

Para sanar a obsessão nos outros ou em nós mesmos, é preciso cogitar dos agentes "R" que estamos emitindo.

O pensamento é força que determina, estabelece, transforma, edifica, destrói e reconstrói.

Nele, ao influxo divino, reside a gênese de toda a Criação.

Respeitemos, assim, a dieta do Evangelho, procurando erguer um santuário de princípios morais respeitáveis para as nossas manifestações de cada dia.

E, garantindo-nos contra a alergia e a obsessão de qualquer procedência, atendamos ao sábio conselho de Paulo, o grande convertido, quando adverte aos cristãos da Igreja de Filipos:

"Tudo o que é verdadeiro, tudo o que é honesto, tudo o que é nobre, tudo o que é puro, tudo o que é santo, seja, em cada hora da vida, a luz dos vossos pensamentos".

DIAS DA CRUZ

20
EM MARCHA

> No encerramento das nossas atividades, na noite de 22 de julho de 1954, fomos brindados com a presença do Espírito do Dr. Geminiano Brazil de Oliveira Góis, notável e digno advogado e político sergipano, desencarnado no Rio de Janeiro, em 1904, que, em se consagrando ao Espiritismo, testemunhou a sua fé sem hesitações, transformando-se em valoroso lidador do Cristo, a serviço da Humanidade.
>
> A mensagem psicofônica que nos deixou é uma bela advertência aos Espíritos encarnados, notadamente a nós, os espiritistas, convidando-nos a considerar o valor do tempo em nossa romagem terrena, para que nos situemos em melhores condições no Plano Espiritual.

É justo não esquecermos que ainda somos seres em crescimento evolutivo, para retirarmos do tempo os valores e as vantagens imprescindíveis à nossa ascensão.

A romagem no campo físico é a vida espiritual noutro modo de ser, tanto quanto a luta, aquém da morte, é a continuação do aprendizado terrestre numa expressão diferente.

Analisando a imensidade infinita dos mundos, agrupamo-nos na Terra em singela faixa vibratória, assim como determinada coletividade de pássaros da mesma condição se congregam num trecho de floresta, ou como certa família de rãs, a reunir-se no fundo do mesmo poço.

Condicionados pelo nosso progresso reduzido, não assinalamos da gloriosa vida que nos cerca senão ínfima parte, adstritos que nos achamos às estreitas percepções do padrão sensorial que nos é próprio.

Com o corpo de carne, somos tarefeiros do mundo, matriculados na escola da experiência predominantemente objetiva, desfrutando um instrumento precioso, qual seja o veículo denso, em que o cérebro, com todos os implementos das redes nervosas, pode ser comparado a um aparelho radiofônico de emissão e recepção, funcionando no tipo de onda inferior ou superior a que nos ajustamos, e em que os olhos, os ouvidos, a língua, as mãos e os pés representam acessórios de trabalho, subordinados ao comando da mente.

Além da morte, sem o vaso carnal, ainda somos tarefeiros do mundo, fichados no educandário da experiência predominantemente subjetiva, registrando os resultados das ações boas ou más, que nos decidimos a mentalizar e estender.

Aprisionando-nos à carne ou libertando-nos dela, nascendo, morrendo, ressurgindo ao esplendor da imortalidade ou reaparecendo na sombra do planeta, segundo a conceituação humana, vivemos em marcha incessante para os arquétipos que a Eternidade nos traçou e que nos cabe atingir.

Vós, que tendes encontrado em nossa companhia tantos problemas dolorosos de fixação mental nos Espíritos conturbados e sofredores, considerai conosco a importância do dia que foge.

Temos da vida tão somente aquilo que recolhemos das horas.

Instruções psicofônicas

O tempo é a sublimação do santo, a beleza do herói, a grandeza do sábio, a crueldade do malfeitor, a angústia do penitente e a provação do companheiro que preferiu acomodar-se com as trevas.

Dele surgem o Céu para o coração feliz do bom trabalhador e o inferno para a consciência intranquila do servidor infiel.

Façamos de nossa tarefa, qualquer que ela seja, um cântico de louvor ao trabalho, à fraternidade e ao estudo.

Sirvamos, amemos e aprendamos!

Dilatemos o horizonte de nossa compreensão, arejando nossas almas e filtrando apenas a luz para que a luz nos favoreça.

E quanto a vós, em particular, vós que ainda detendes a valiosa oportunidade de contato com o indumento físico, evitai, ainda hoje, a ingestão do mal, para não digerirdes lodo e fel amanhã.

GEMINIANO BRAZIL

21
ORAÇÃO

A noite de 29 de julho de 1954 foi para nós de gratidão e júbilo. Antevéspera do segundo aniversário de nossa fundação, foi a escolhida para a inauguração da sede definitiva do nosso Grupo, em Pedro Leopoldo.

Instalados então em nossa casa simples, entregamo-nos à alegria íntima, por meio do serviço habitual, sem qualquer manifestação festiva de ordem exterior.

No término de nossas tarefas, Emmanuel, o nosso benfeitor de sempre, ocupou os recursos psicofônicos do médium e pronunciou a presente oração de agradecimento, que acompanhamos com toda a alma.

Senhor Jesus, vimos de longe para agradecer-te a bondade.

Viajantes no tempo, procedemos de Tebas, da Babilônia, de Heliópolis, de Atenas, de Esparta, de Roma...

Tantas vezes, respiramos na grandeza terrestre!...

Petrificados na ilusão, povoamos palácios de orgulho, castelos de soberba, casas solarengas da vaidade e dominamos cruelmente os fracos, desconhecendo a bênção do amor...

Reunidos aqui, hoje, em nosso pouso de fraternidade e oração, rogamos-te força para converter a existência em colaboração contigo!

Nós que temos guerreado e ferido a outrem, imploramos-te, agora, recursos para guerrear as nossas fraquezas e ferir, de rijo, nossas antigas viciações, a fim de que nos transformemos, afinal, em teus servos...

Ajuda-nos a regenerar o coração pela tua Doutrina de Luz, para que estejamos conscientes de nosso mandato.

Para isso, porém, Senhor, faze-nos pequeninos, simples e humildes...

Oleiro Divino, toma em tuas mãos o barro de nossas possibilidades singelas e plasma a nossa individualidade nova, ao calor de tua inspiração, para que, como a fonte, possamos estender sem alarde os dons de tua misericórdia, na gleba de ação em que nos convidas a servir.

Sem tuas mãos, estaremos relegados às nossas próprias deficiências; sem teu amor, peregrinaremos, abandonados à miséria de nós mesmos...

Mestre, cujos ouvidos vigilantes escutam no grande silêncio e cujo coração pulsa, invariável, com todas as necessidades e esperanças, dores e alegrias da Terra, nós te agradecemos pelo muito que nos tens dado e, ainda uma vez, suplicamos-te acréscimo de forças para que não estejamos distraídos...

Senhor, cumpra-se em nós a tua vontade e que a nossa vida seja, enfim, colocada a teu serviço, agora e sempre...

> Houve expressivo interregno na comunicação do Amigo espiritual. Em seguida, modificando a inflexão de voz, como se estivesse retirando o próprio sentimento da invocação a Jesus para

entrar em familiaridade conosco, passou a dirigir-nos a palavra, em tom mais íntimo, continuando:

E a vós, meus amigos, com quem misturamos nossas lágrimas de regozijo e reconhecimento, dirigimos também nosso apelo!...

Achamo-nos em nova casa de trabalho...

Quantas vezes temos visto, no curso dos milênios, colunas aparentemente gloriosas transubstanciadas em pó, albergando ilusões que nos arremessaram ao charco das zonas inferiores!...

Nós que temos caminhado sobre os nossos próprios ídolos mortos, na insignificância da nossa condição de hoje, atentemos para a magnitude das nossas obrigações, aprendendo, por fim, a humildade, para não trairmos a confiança recebida...

Cessem para sempre em nós a impulsividade e a crítica, o egoísmo e a crueldade, porque toda a nossa grandeza terrena do pretérito foi bem miserável, restando-nos tão somente a felicidade de estender mãos fervorosas ao Mestre divino, para que Ele nos ampare e renove...

Em nosso novo templo, sentimos a simplicidade reconquistada para que nos disponhamos ao espírito de serviço.

Prevaleça, então, em nós a compreensão fraternal cada vez mais ampla! Que o amor do Cristo nos governe os atos de cada dia, por meio da bondade e da paciência incessantes...

Convosco temos aprendido a alegria de confiar e servir e, nas horas escuras ou claras, agradáveis ou difíceis, temos sido ao vosso lado, não o orientador que nunca fomos, mas sim o companheiro e o irmão que podemos ser...

Nessa posição, estaremos em vossa companhia, cultivando o ideal de nossa transformação em Cristo Jesus.

Aprendamos, enfim, a dar de nós mesmos, em esperança e boa vontade, trabalho e suor, tudo aquilo que constitui nossa própria vida, a benefício dos outros, para entrarmos na posse da Vida Abundante, reservada aos que se rendem à cooperação com a Providência Divina!...

Partilham-nos a prece deste momento não apenas aqueles que se constituíram associados de nossa presente tarefa espiritual, mas também velhos amigos, dentre os quais avultam sacerdotes, guerreiros, juízes, legisladores, legionários, combatentes, intérpretes de leis humanas e inúmeras almas queridas que, em outro tempo, vitimadas pelos próprios enganos, desceram conosco ao despenhadeiro de lutas expiatórias!...

Todos, de armas ensarilhadas, desejamos atualmente para nós a espada do Cristo, a cruz, cuja lâmina, em se voltando para baixo, nos ensina que o trilho de paz e renunciação é o único capaz de conduzir-nos à verdadeira ressurreição.

Convosco lutamos, contando com o vosso concurso no trabalho constante do bem, pelo qual, um dia, nascerá a nossa comunhão perfeita com a luz divina.

Meus amigos, em nome de quantos oram conosco e de quantos esperam por nós, reiteramos o nosso profundo reconhecimento ao Senhor, implorando-lhe auxílio em socorro de nossas necessidades e levando-lhe igualmente a certeza de que perseveraremos no esforço de nossa regeneração até o fim.

EMMANUEL

22
UM AMIGO QUE VOLTA

Finalizando as nossas atividades socorristas às entidades sofredoras, na noite de 5 de agosto de 1954, tivemos a visita de velho e conhecido amigo que, um ano antes, passara em Espírito por nossa casa.

Alberto, que assim se chamava, foi médico distinto em Belo Horizonte, de quem nos escusamos fornecer maiores elementos de identificação, por motivos óbvios.

Em sua primeira passagem por nosso templo, denotava a emoção e as preocupações peculiares ao Espírito recém-desencarnado, como que preso ainda ao esgotamento que lhe impôs o trespasse, mas na presente mensagem revela-se plenamente recuperado, dispondo da inteligência, da vivacidade e da agudeza de espírito que lhe marcavam a personalidade brilhante.

Leiamos a sua palestra que ficou intitulada "Um amigo que volta".

Enquanto nos escravizamos ao corpo de carne e sangue em que o homem mal se define, não é fácil apreender as realidades do espírito, porque, soterrados nos títulos e nas convenções superficiais, deambulamos no mundo, enfarpelados com as ilações provisórias da ciência ou encastelados em teorias que só a morte consegue modificar.

Indiscutivelmente, bastaria um exame mais acurado das maravilhas da mente para descortinarmos aí alguma coisa do sublime reino da alma, preparando com segurança o futuro; entretanto, caminhamos na Terra, em câmara lenta, cosendo-nos à vaidade pessoal, como a tartaruga se prende ao pesado estojo que lhe é próprio.

Com a técnica científica, interferimos no cérebro, usando hormônios e estupefacientes ou empregando ablações cirúrgicas; todavia, presumindo descobrir nele o órgão secretor do pensamento, apenas tateamos a sombra carente de luz, porque o cérebro surge, na essência, tão longe do Espírito que por meio dele se manifesta, como o violino se distancia do artista que o maneja, na execução da melodia em que se lhe expressa o gênio musical.

Nossos enganos, porém, diante da vida eterna, guardam a frágil consistência da neblina perante o fulgor do sol.

Rege-se a Natureza por leis ineslutáveis e o túmulo nos aguarda, impassível, restituindo-nos ao entendimento as verdades mais simples do coração.

E daqui, dos vastos horizontes que se nos desdobram à vista, reconhecemos agora o imperativo de libertação da consciência humana, vítima dos fósseis da ciência e da religião a lhe empecerem a marcha.

A morte não nos regenera tão somente a visão interior, purificando-nos o discernimento, mas também nos constrange a contemplar a glória nascente do novo dia, cujas realizações reclamam a mobilização de todos os nossos recursos de serviço, no socorro e no esclarecimento das criaturas.

A universidade possui a lógica.

O santuário retém a intuição.

É imprescindível trabalhar com desassombro para que a escola e o templo se reúnam no nível de mais elevada compreensão, a benefício da humanidade.

Se hoje avançadas organizações compelem a inteligência à domesticação do átomo e da energia cósmica, concitemos o coração à fé racional sobre os princípios evolutivos, moldando os tempos novos nas concepções do progresso infinito e do amor universal.

Nesse sentido, o Espiritismo, redizendo o ensinamento de Jesus, é a força de restauração e equilíbrio que nos compete enobrecer e dilatar.

Sou daqueles que beberam em vossa fonte, reajustando o próprio coração.

E, agradecendo-vos o ingresso ao novo campo de conhecimento que comecei a lavrar, digo-vos, confiante:

— Fazei o bem a tudo e a todos.

Tolerai e perdoai!...

Acendei a esperança!

Não extingais a luz.

Ajudai, hoje e sempre!...

A floresta dominadora não procede do trovão que brame ou da ventania que arrasa, mas sim da semente humilde que aprendeu a esquecer-se, a calar, a ajudar, a produzir e a esperar.

ALBERTO

23
Companheiro em luta

A fase terminal de nossas tarefas, na noite de 12 de agosto de 1954, trouxe-nos à presença antigo companheiro de lides espíritas em Belo Horizonte, que passaremos a nomear simplesmente por irmão Lima, já que o respeito fraternal nos impede identificá-lo plenamente.

Lima, que era pai de família exemplar, desfrutava excelente posição social e, por muitos anos, exerceu os dons mediúnicos de que era portador em ambientes íntimos. Em 1949, como que minado por invencível esgotamento, suicidou-se sem razões plausíveis, trazendo, com isso, dolorosa surpresa a todos os seus amigos.

Na noite a que nos referimos, naturalmente trazido por amigos espirituais, utilizou-se das faculdades psicofônicas do médium e ofertou-nos o relato de sua história comovente, que constitui para nós todos uma advertência preciosa.

Venho da escura região dos mortos-vivos, à maneira de muitos vivos-mortos que se agitam na Terra.

O Espiritismo foi minha grande oportunidade.

Fui médium.

Doutrinei.

Contribuí para que irmãos sofredores e transviados recebessem uma luz para o caminho.

Recolhi as instruções dos mestres da sabedoria e tentei acomodar-me com as verdades que são hoje o vosso mais alto patrimônio espiritual.

Fui consolado e consolei.

Doentes, enfraquecidos, desesperados, tristes, fracassados, desanimados, derrotados da sorte, muitas vezes se reuniam junto de nós e junto de mim...

Por meio da oração, colaborei para que se lhes efetivasse o reerguimento.

Mas, no círculo de minhas atividades, a dúvida era como que um nevoeiro a entontecer-me o espírito e, pouco a pouco, deixei-me enredar nas malhas de velhos inimigos a me acenarem do pretérito – do pretérito que guarda sobre o nosso presente uma atuação demasiado poderosa para que lhe possamos entender, de pronto, a evidência...

E esses adversários sutilmente me impuseram à lembrança o passado que se desenovelou, dentro de mim, fustigando-me os germes de boa vontade e fé, assim como a ventania forte castiga a erva tenra.

Enquanto a vida foi árdua, sob provações aflitivas, o trabalho era meu refúgio. No entanto, à medida que o tempo funcionava como calmante celeste sobre as minhas feridas, adoçando-me as penas, o repouso conquistado como que se infiltrou em minha vida por venenoso anestésico, por meio do qual as forças perturbadoras me alcançaram o mundo íntimo.

E, desse modo, a ideia da autodestruição avassalou-me o pensamento.

Relutei muito, até que, em dado instante, minha fraqueza transformou-se em derrota.

Dizer o que foi o suicídio para um aprendiz da fé que abraçamos, ou relacionar o tormento de um espírito consciente da própria responsabilidade é tarefa que escapa aos meus recursos.

Sei somente que, desprezando o meu corpo de carne, senti-me sozinho e desventurado.

Perambulei nas sombras de mim mesmo, qual se estivera amarrado a madeiro de fogo, lambido pelas chamas do remorso.

Após muito tempo de agoniada contrição, percebi que o alívio celeste me visitava.

Senti-me mais sereno, mais lúcido...

Desde então, porém, estou na condição daquele rico da parábola evangélica, porque muitos dos encarnados e desencarnados que recebiam junto de mim as migalhas que nos sobravam à mesa surgem agora, ante a minha visão, vitoriosos e felizes, enquanto me sinto queimar na labareda invisível do arrependimento, ouvindo a própria consciência a execrar-me, gritando:

— Resigna-te ao sofrimento expiatório! Quando te regalavas no banquete da luz, os lázaros da sombra, hoje triunfantes, apenas conheceram amarguras e lágrimas!...

Imponho-me, assim, o dever de clamar a todos os companheiros quanto aos impositivos do serviço constante.

A ação infatigável no bem é semelhante à luz do sol, a refletir-se no espelho de nossa mente e a projetar-se de nós sobre a estrada alheia.

Contudo, no descanso além do necessário, nossa vida interior passa a retratar as imagens obscuras de nossas existências passadas, de que se aproveitam antigos desafetos, arruinando-nos os propósitos de regeneração.

Comunicando-me convosco, associo-me às vossas preces.

Sou o vosso irmão Lima, companheiro de jornada, médium que, por vários anos, guardou nas mãos o archote da verdade, sem saber iluminar a si próprio.

Creio que um mendigo ulcerado e faminto à vossa porta não vos inspiraria maior compaixão.

Cortei o fio de minha responsabilidade...

Amigos generosos estendem-me aqui os braços, no entanto, vejo-me na posição do sentenciado que condena a si mesmo, porquanto a minha consciência não consegue perdoar-se.

Sinto-me intimado ao retorno...

A experiência carnal compele-me à volta.

Antes, porém, da provação necessária, visito, quanto possível, os ambientes familiares de nossa fé, buscando mostrar aos irmãos espiritistas que a nossa mesa de fraternidade e oração simboliza o altar do amor universal de Jesus Cristo.

Temos conosco aquele cenáculo simples, em que o Senhor se reuniu aos companheiros de sublime apostolado...

De todas as religiões, o Espiritismo é a mais bela, por facultar-nos a prece pura e livre, em torno desse lenho sagrado, como sacerdotes de nós mesmos, à procura da inspiração divina que jamais é negada aos corações humildes, que aceitam a dor e a luta por elementos básicos da própria redenção.

Estou suplicando ao Senhor me conceda, oportunamente, a graça de reencarnar-me num bordel. Isso por haver desdenhado o lar que era meu templo...

Indispensável que eu sofra, para redimir-me, diante de mim mesmo.

Não mereço agora o sorriso e os braços abertos de nossos benfeitores, perante o libelo de meu próprio juízo.

Cabia-me aproveitar o tesouro da amizade, enquanto o dia era claro e quando o corpo carnal – enxada divina – estava jungido à minha existência como instrumento capaz de operar-me a renovação.

Ah! meus amigos, que as minhas lágrimas a todos sirvam de exemplo!...

Sou o trabalhador que abandonou o campo antes da hora justa...

O tormento da deserção dói muito mais que o martírio da derrota.

Devo regressar...

Reentrarei pela porta da angústia.

Serei enjeitado, porque enjeitei...

Serei desprezado, por haver desprezado sem consideração...

E, mais tarde, encadear-me-ei, de novo, aos velhos adversários.

Sem a forja da tentação, não chegaremos ao reajuste.

Rogo, pois, a Deus para que o trabalho não se afaste de minhas mãos e para que a aflição não me abandone... Que a carência de tudo seja socorro espiritual em meu benefício e, se for necessário, que a lepra me cubra e proteja para que eu possa finalmente vencer.

Não me olvideis das vibrações de amizade e que Jesus nos abençoe.

Lima

24
PÁGINA DE FÉ

Na reunião da noite de 19 de agosto de 1954, em rematando as nossas tarefas, tivemos a visita do Espírito Célia Xavier, que ocupou as faculdades psicofônicas do médium, oferecendo-nos expressiva página de fé.

Célia Xavier é abnegada servidora espiritual do Evangelho num dos templos espíritas de Belo Horizonte.

À frente do ataúde ou perante o sepulcro aberto, clama o homem desesperado:

— Maldita seja a morte que nos impõe a separação para sempre...

Não suspeita de que os seus entes amados, na vanguarda do Além, prosseguem evoluindo entre a alegria e a dor, compartilhando-lhe esperanças e ansiedades.

E não se apercebe de que ele mesmo atravessará, um dia, aflito e espantado, o portal de pó e cinza para colher o que semeou.

No entanto, somos hoje, os espíritas e os Espíritos, batedores da Era Nova e servos da Nova Luz.

Unidos, estamos construindo o túnel da grande revelação, pela qual se expressará, enfim, a vida plena e vitoriosa.

Conhecemos de perto vosso combate, vossa tarefa, vossa fadiga...

A Verdade, que pediu outrora o martírio aos pioneiros da fé cristã, atualmente vos reclama o sacrifício por norma de triunfo.

Antigamente, era a perseguição exterior, por meio dos circos de sangue ou das fogueiras cruéis.

Agora, é a batalha íntima com os monstros da sombra a se aninharem, sutis, em nosso próprio coração, declarando oculta guerra ao nosso idealismo superior.

Ontem, poderia ser mais fácil morrer, de um átimo, sob o cutelo da flagelação física.

Hoje, porém, é muito difícil sofrer, pouco a pouco, o assalto das trevas, sustentando suprema fidelidade à glória do espírito.

Entretanto, não podemos trair a excelsitude do mandato que nos foi confiado.

Somos lidadores da renovação e arautos da luz, a quem incumbe a obrigação de acendê-la na própria alma, para que o nosso mundo suba no céu para o esplendor de céus mais altos.

É preciso não temer as serpes do caminho, nem recear os fantasmas da noite.

Nosso programa essencial na luta é o aprimoramento próprio, a fim de que o mundo, em torno de nós, também se aperfeiçoe.

Aprendendo e ensinando, lembremo-nos, pois, de que o nosso amanhã será a projeção do nosso hoje e, elegendo no bem o sistema invariável de nosso reto pensamento e de nossa reta conduta, continuemos unidos na cruzada contra a morte, esforçando-nos para que o homem compreenda que o amor e a justiça regem a vida no universo e que o trabalho e a fraternidade são as forças que geram na eternidade a alegria e a beleza imperecíveis.

CÉLIA XAVIER

25
Rogativa

Findas as nossas tarefas de socorro espiritual, na noite de 26 de agosto de 1954, foi Emmanuel, o nosso amigo de sempre, quem se utilizou das faculdades psicofônicas do médium, pronunciando a oração que transcrevemos.

Senhor Jesus!

Associa-se a nossa voz a todas as súplicas que te rogam a bênção de amor, a fim de que possamos trabalhar em harmonia com os teus superiores desígnios.

Dá-nos consciência de nossas responsabilidades e infunde-nos a noção do dever.

Reveste-nos com a dignidade da resistência pacífica, diante do mal que nos conclama à perturbação, e faze-nos despertos na construção espiritual que fomos chamados a realizar contigo, dentro da renunciação que nos ensinaste.

Apaga em nosso pensamento as labaredas da discórdia e ajuda-nos a responder com silêncio, serenidade e diligência no bem toda ofensiva da leviandade, da violência e do ódio.

Instila-nos a coragem de esquecer tudo o que expresse inutilidade e aviva-nos a memória no cultivo dos valores morais indispensáveis à edificação do nosso futuro.

Mestre, não nos deixes hipnotizados pela indiferença que tantas vezes tem sido o nosso clima de invigilância pessoal em tua obra de luz.

Que a fraternidade e a ordem, a compreensão humana e o respeito recíproco nos presidam à tarefa de cada dia, em teu nome, na execução de tua divina vontade, são os votos que repetimos com todo o coração, hoje e sempre.

EMMANUEL

26
UMA LIÇÃO

Na reunião da noite de 2 de setembro de 1954, no momento habitual das instruções, fomos surpreendidos com a visita de Joaquim, um irmão cuja identidade não nos é possível fornecer.

Apreciando-lhe o comunicado, será interessante recordar que, algum tempo antes, fora socorrido em nossa agremiação.

Surgira revoltado e infeliz. Dizia-se molestado por fortes jatos de água fria e alegava estar sendo *dissecado vivo* numa aula de Medicina anatômica. Afirmava sentir pavoroso sofrimento e lembramo-nos perfeitamente de que repetia, a cada passo, entre lágrimas: "Como é possível aplicar semelhante procedimento a um homem vivo? Não há justiça na Terra?".

Regressando ao nosso Grupo na noite referida, Joaquim esclareceu-nos por que sofrera a pena de talião em toda a sua dureza de "olho por olho e dente por dente", fazendo-nos sentir que nos reencarnamos para crescer em virtude e entendimento, cabendo-nos a obrigação de praticar o bem, dentro de todas as possibilidades ao nosso alcance, para renovarmos as causas que preponderam em nosso destino, segundo a Lei de Causa e Efeito.

Realmente, a palestra de Joaquim é uma preciosa lição para nós todos, convidando-nos a aproveitar, com o máximo de nossa boa vontade e de nossas forças, a presente romagem que desfrutamos na Terra.

Há meses, abrigastes meu Espírito em vossa estação de pronto-socorro espiritual.

E volto para trazer-vos notícias.

Simples é o meu caso.

Entretanto, é uma lição e todas as lições que falam de perto aos vivos acordados depois da morte certamente interessam aos que jazem, por enquanto, adormecidos na carne.

Minha derradeira máscara física era a de um pobre homem, que tombou na via pública, num insulto cataléptico.

Tão pobre que ninguém lhe reclamou o suposto cadáver.

Conduzido à laje úmida, não consegui falar e nem ver, contudo, não obstante a inércia, meus sentidos da audição e do olfato, tanto quanto a noção de mim mesmo, estavam vigilantes.

Impossível para mim descrever-vos o que significa o pavor de um morto-vivo.

Depois de muitas horas de expectação e agonia moral, carregaram-me seminu para a câmara fria.

Suportei o ar gelado, gritando intimamente sem que a minha boca hirta obedecesse.

Não posso enumerar as horas de aflição que me pareceram intermináveis.

Após algum tempo, fui transportado para certo recinto, em que grande turma de jovens me cercou, em animada conversação que primava pela indiferença à minha dor.

Inutilmente procurei reagir.

Achava-me cego, mudo e paralítico...

Assinalava, porém, as frases irreverentes em torno e conseguia ajuizar, quanto à posição dos grupos a se dispersarem junto de mim...

Mais alguns minutos de espera ansiosa e senti que lâmina afiada me rasgava o abdômen.

Protestei, com mais força, no imo de minha alma, no entanto, minha língua jazia imóvel.

Tolerando padecimentos inenarráveis, observei que me abriam o tórax e me arrebatavam o coração para estudo.

Em seguida, um choque no crânio para a trepanação fez-me perder a noção de mim mesmo e desprendi-me, enfim, daquele fardo de carne viva e inerte, fugindo horrorizado qual se fora um cão hidrófobo, sem rumo...

Não tenho palavras para expressar a perturbação a que me reduzira.

E, até agora, não sou capaz de imaginar, com exatidão, as horas que despendi na correria martirizante.

Trazido, porém, à vossa casa, suave calor me regenerou o corpo frio.

Escutei as vossas advertências e orações...

E braços piedosos de enfermeiros abnegados conduziram-me de maca a um hospital que funciona como santa retaguarda, além do campo em que sustentais abençoada luta.

Banhado em águas balsâmicas, aliviaram-se-me as dores.

Transcorridos alguns dias, implorei o favor de vir ao vosso núcleo de prece, solicitando-vos cooperação para que todos os cadáveres, constrangidos aos tormentos da autópsia, recebessem, por misericórdia, o socorro de injeções anestésicas, antes das intervenções cirúrgicas, para que as almas, ainda não desligadas, conseguissem superar o "pavor cadavérico" que, depois da morte, é muito mais aflitivo que a própria morte em si.

Em resposta, porém, à minha alegação, um de vossos amigos – que considero agora também por meus amigos e benfeitores –, numa simples operação magnética, mergulhou-me no conhecimento da realidade e vi-me, em tempo recuado, envergando o chapéu de um mandarim principal...

O rubi simbólico investia-me na posse de larga autoridade.

Revi-me, numa noite de festa, determinando que um de meus companheiros, por mero capricho de meu orgulho, fosse lançado em plena nudez num pátio gelado...

Ao amanhecer, recomendei lhe furtassem os olhos.

Mandei algemá-lo qual se fora um potro selvagem, embora clamasse compaixão...

Impassível, ordenei fosse ele esfolado vivo...

Depois, quando o infeliz se debatia nas vascas da morte, decidi fosse o seu crânio aberto, antes de entregue aos abutres, em pleno campo...

Exigi, ainda, lhe abrissem o abdômen e o tórax...

Reclamei-lhe o coração numa bandeja de prata...

O toque magnético impusera-me o conhecimento de minha dívida.

As reminiscências de sucessos tão tristes confortavam-me e humilhavam-me ao mesmo tempo.

Em pranto, nas fibras mais íntimas, indaguei dos mentores que me cercavam:

— Será, então, a justiça assim tão implacável? Onde o amor nos fundamentos da vida?

Alguém que para vós aqui se movimenta, à feição de generosa mãe de todos,[15] explicou-me com bondade:

— Amigo, viveste na indiferença e a ociosidade atrai sobre nós, com mais pressa, as consequências de nossas faltas. É por essa razão que a justiça funciona matematicamente para contigo, já que não chamaste a luz do amor ao campo de teu destino.

Compreendi, então, que se houvesse amado, cultivando a árvore da fraternidade, decerto que outras sementes, outras energias e outros recursos teriam interferido em minha grande tragédia, atenuando-me o sofrimento indescritível.

É por isso que, como lembrança, trago-vos a lição do meu *passado-presente*, com a afirmação de que tudo farei para aproveitar os favores que estou recolhendo, recordando a vós outros – e talvez seja este o único ponto valioso de minha humilde visitação – a palavra do Evangelho, quando nos deixa entrever que só o amor é capaz de cobrir a multidão de nossos pecados.

Que a humildade e o serviço, a boa vontade e as boas obras nos orientem o caminho, porque, com semelhante material, edificaremos o elevado destino que nos aguarda no grande porvir, para exaltar a justiça consoladora – a justiça que é também misericórdia de Nosso Pai.

JOAQUIM

---

[15] Nota do organizador: O comunicante refere-se a Meimei.

27
Bom aviso

Rematando as nossas tarefas, na noite de 9 de setembro de 1954, José Xavier, nosso amigo espiritual, senhoreou as faculdades psicofônicas do médium, passando a conversar conosco em versos.

Alguns de nossos companheiros, antes da reunião, haviam encaminhado a palavra, em nosso templo de preces, para assuntos menos edificantes, relacionando queixumes e reprovações com apontamentos picantes de permeio.

José Xavier, contudo, veio ao nosso encontro, e, alertando-nos para os nossos deveres, deixou-nos a excelente advertência que ficou intitulada "Bom Aviso".

Meus irmãos, em benefício

De nossas reuniões,

Preparando as nossas preces,

Lavemos os corações.

Já que na Terra é difícil

Viver sem o "leva-e-traz",

Pelo menos, por minutos,

Preservemos nossa paz.

Alcançando às seis da tarde,

Para que o mal nos esqueça,

Desinfetemos a boca

E arejemos a cabeça.

Se a discussão nos procura

Com razão ou sem razão,

Pronunciemos palavras

De bondade e de perdão.

Se a política exigir-nos

Opiniões e contatos,

Instruções psicofônicas

Oremos na paz de Deus

Por todos os candidatos.

Risinhos e anedotários

Com pimenta malagueta,

Situemos, sem alarde,

No silêncio da sarjeta.

Aflições da parentela

E chagas do pensamento

Resguardemos, apressados,

No cesto do esquecimento.

Censuras, reprovações,

Orgulho, mágoa e capricho,

Conservemos, com cuidado,

No depósito de lixo.

Ante as doenças e as provas

Guardemos conformação,

Tratando-as, sem desespero,

Na farmácia da oração.

Finda a tarefa, porém,

Na jornada costumeira,

Cada qual lavre o seu campo

E viva à sua maneira.

Entretanto, relembremos,

Em nossas lutas e tratos,

Que sempre receberemos

De acordo com os nossos atos.

Quanto ao mais, Deus nos perdoe,

Socorrendo a nossa fé.

Instruções psicofônicas

É a bênção que vos deseja

O vosso mano José.

José Xavier

28
Palavras de amigo

Na fase terminal da nossa reunião, na noite de 16 de setembro de 1954, os recursos psicofônicos do médium foram ocupados pelo nosso amigo Queiroz, que foi abnegado médico em Belo Horizonte e cuja personalidade não podemos identificar, de todo, por motivos justos.

Conhecemo-lo pessoalmente.

Homem probo e digno, fizera da Medicina verdadeiro sacerdócio. Dedicava-se aos clientes e partilhava-lhes as dificuldades e sofrimentos, qual se lhe fossem irmãos na ordem familiar.

Apenas 28 dias depois de desencarnado, com o amparo de amigos espirituais viera pela primeira vez ao nosso grupo. Parecia despertar de longo sono e sentia-se ainda no corpo de carne. Reconhecia-se consciencialmente, mas julgava-se ainda em estado comatoso e, por isso, orava com encantadora fé e em voz alta pelos enfermos que lhe recebiam cuidados, confiando-os a Deus. Passando a conversar conosco e assistido magneticamente pelos benfeitores espirituais de nosso templo, despertou para a verdade em comovente transporte de alegria.

Lembramo-nos, perfeitamente, de ouvi-lo dizer, tão logo se observou redivivo:"Então, a morte é isto? uma porta que se fecha ao passado e outra que se abre ao futuro?".

Passou, de imediato, a ver junto de si antigos clientes desencarnados que lhe vinham demonstrar gratidão e, com inesquecíveis expressões de amor a Jesus, despediu-se, contente, deixando-nos agradecidos e emocionados.

Voltando ao nosso círculo de ação, felicitou-nos com a presente mensagem que bem lhe caracteriza o elevado grau de entendimento evangélico.

Sou daqueles que precisaram morrer para enxergar com mais segurança.

A experiência terrestre é comparável a espessa cortina de sombra, restringindo-nos a visão.

E, em mim, o dever do médico eclipsava a liberdade do homem, limitando observações e digressões.

Contudo, vivi no meu círculo de trabalho com bastante discernimento para identificar os profundos antagonismos de nossa época.

Insulado nas reflexões dos derradeiros dias no corpo, anotava as vicissitudes e conflitos do espírito humano, entre avançadas conquistas científico-sociais e os impositivos da própria recuperação.

Empavesado na hiperestrutura da inteligência, nosso século sofre aflitiva sede de valores morais para não descer a extremos desequilíbrios, e a existência do homem de hoje assemelha-se a luxuoso transatlântico, navegando sem bússola.

Por toda parte, a fome de lucros ilusórios, a indústria do prazer, a desgovernada ambição, o apetite insaciável de emoções inferiores e a fuga da responsabilidade exibem tristes espetáculos de perturbação, obrigando-nos a reconhecer a necessidade de fé renovadora para o cérebro das elites e para o coração das massas sem rumo.

Daqui, portanto, é fácil para nós confirmar agora que o mundo moderno está doente.

E o clínico menos atilado perceberá sem esforço que o diagnóstico deve ser interpretado como sendo carência de Deus no pensamento da humanidade, estabelecendo crises de caráter e confiança.

Apagando o personalismo que eu trouxe da Terra, descobri, estudando em vossa companhia, que somente o Cristo é o médico adequado à cura do grande enfermo e que só o Espiritismo, revivendo-lhe as lições divinas, é-lhe a medicação providencial.

Segundo vedes, sou apenas modesto aprendiz da grande transformação. Entretanto, quanto mais se me consolidam as energias, mais vivo é o meu deslumbramento, diante da verdade.

A luz que o Senhor vos deu e que destes a mim alterou-me visceralmente a feição pessoal.

Sou, presentemente, um médico tentando curar a si mesmo.

Minhas aquisições culturais estão reduzidas a chama bruxuleante que me compete reavivar.

Meus préstimos, por agora, são nulos.

Mas revive-se-me a esperança e, abraçando-vos, reconhecido, entrego-me ao trabalho do recomeço...

Glória ao Senhor que nos ilumina o caminho espiritual!

É assim, reanimado e fortalecido, que aceito, agora, o serviço e a solidariedade sob novo prisma, rogando a Jesus nos abençoe e caminhando convosco na antevisão do glorioso futuro.

QUEIROZ

29
Consciência ferida

Na noite de 23 de setembro de 1954, recebemos pela segunda vez a presença de Maria da Glória, uma entidade sofredora que se devota agora à nossa casa.

Regressando ao nosso círculo de orações com a palavra falada, trouxe-nos, nessa noite, a sua história comovente, que passamos a transcrever.

Meus amigos.

Deus nos ampare.

Depois de minha primeira visita, eis que torno à vossa casa, que funcionou para mim como um ninho de socorro e um tribunal de justiça.

Mulher padecente, trazia enlaçado a mim, qual se fora erva sufocante sobre árvore ferida, o espírito revoltado de meu próprio filho, cuja reencarnação impedi, num processo de aborto, no qual, por minha vez, perdi a existência.

Leviana e surda ao dever, adquiri compromissos com a maternidade, detestando-a.

E, por odiar o rebento que me palpitava no seio, procurei destruí-lo, usando venenosa beberagem que igualmente me furtou a vida corpórea.

Entretanto, se supunha que a morte fosse um ponto final à minha tragédia íntima, estava profundamente enganada, porque da poça de sangue a que se me reduziram os despojos, levantou-se, diante de mim, uma sombra acusadora.

A princípio, dessa nuvem amorfa nascia o choro incessante de uma criança recém-nata.

Tentando emudecer aqueles vagidos angustiosos, inutilmente rezei, usando orações decoradas na infância...

A nuvem, porém, jazia algemada ao meu próprio peito, por meio de laços cuja consistência ainda hoje não posso definir.

Abandonei, amedrontada, o meu aposento de mulher solteira e, esquecendo o culto do prazer a que me dedicara, procurei fugir, como se eu pudesse escapar de mim mesma.

Perdi a ideia de rumo...

Esqueci o calendário.

De minha memória desapareceu a noção de tempo.

Guardava a consciência de que a nuvem e eu corríamos sem cessar...

Houve, contudo, um momento em que a sombra se converteu na forma de um homem, que me perseguia, amaldiçoando:

– Desnaturada! Assassina!... Assassina!...

Anelei, assim, depois da morte, a vinda de outra morte que me afundasse no esquecimento.

Instruções psicofônicas

Sentindo sede, debruçava-me no charco...

Torturada de fome, atirava-me aos detritos dos animais mortos no campo...

Ah! como será possível alguém adivinhar na Terra, enquanto a bênção do corpo físico é uma graça para o espírito que opera entre os homens, o tormento da consciência que edificou em si mesma o inferno que a envolve?

Minha existência passou a ser um suplício constante, terrível, inominável...

Chegou, todavia, a noite em que, à maneira de náufrago fatigado, vim dar à praia de vosso templo.

Mãos amigas apartaram-me da sombra agressiva a que me prendia, agoniada...

O alívio surgiu, por fim...

Entretanto, de alma conturbada, roguei esclarecimento para o meu desvario, embora conhecendo a minha culpa de pecadora penitente.

Recebi, de imediato, a resposta.

Um de vossos amigos[16] – justamente aquele que me acompanha aqui, nesta noite, com fins educativos – submeteu-me a longa intervenção magnética e, fazendo com que minhas reminiscências recuassem no tempo, vi-me no Rio, menina mal nascida, amparada por nobre mulher.

Para ser mais explícita, devo adiantar que essa criatura era dona Mariana Carlota, a condessa de Belmonte, aia do imperador D. Pedro II, ainda criança.

---
[16] Nota do organizador: Refere-se a entidade a um dos benfeitores espirituais que nos assistem as tarefas.

Fui conduzida ao leito de pálida menina enferma, que morria pouco a pouco...

Essa menina era a princesa Dona Paula, que se afeiçoou a mim, com natural carinho.

Mas, por morte dela, eu ficava aos treze anos novamente desamparada.

No entanto, benfeitores do palácio estenderam-me braços generosos e fui mantida em São Cristóvão, na posição de criada humilde.

Aos vinte de idade, desposei um artesão da Casa Real.

Miguel era o nome de meu marido.

Duas filhas vieram ao nosso encontro.

A tentação dos prazeres carnais, porém, fascinava-me o espírito inferior.

Foi assim que aceitei a proposta indigna de um homem que me arrancou do lar para delituosa aventura.

Na tela de minhas recordações, surgiu então a noite do dia 4 de setembro de 1843, noite festiva que consagrou o casamento daquele que era o Imperador do Brasil.

Mulher moça, esposa e mãe, olvidei minhas obrigações e fui à procura de quem passara a ser o adversário de minha felicidade, a fim de receber-lhe a companhia, na rua Direita, junto ao Arco do Triunfo, com o qual se comemorava a grande cerimônia.

O Rio, nessa data, acolhia a nova imperatriz dos brasileiros.

É necessário me detenha nesses fatos – esclarece o benfeitor que me auxilia –, para marcar em nossa lição que o tempo não desaparece com o passado, continuando vivo em nosso presente, como estará também vivo para nós, no grande futuro...

Na noite a que me reporto, fui surpreendida por meu esposo, numa atitude de desconsideração aos compromissos que abraçara.

Miguel não resistiu.

Respondeu-me à loucura com o suicídio.

Transformou-se-me, então, a vida.

Dificuldades sobrevieram.

Enjeitei minhas filhas.

Partilhei o destino do aventureiro que, em seguida à minha irreflexão, me atirou ao resvaladouro das mulheres de ninguém...

Entretanto, a sombra de meu companheiro suicida nunca mais se apagou de meus passos.

Seguiu-me, não obstante desencarnado, agravou-me as provações e reuniu-se a mim, quando me desliguei do corpo de carne, num asilo de alienados mentais, depois de atribulada peregrinação pelo meretrício.

Escuros tempos assomaram-me à lembrança.

O caminho expiatório é um trilho de sofrimentos e reparações, e nós éramos dois condenados, respirando a escuridão de noite profunda...

Uma noite imensa, povoada de gemidos, de blasfêmias, de dor... até que renasci na carne, novamente em corpo de mulher. Amando-me e odiando-me ao mesmo tempo, Miguel intentara ser meu filho, contudo, arruinei-lhe os propósitos, recusando a maternidade menos feliz, retornando nós dois, desse modo, às trevas de onde vínhamos.

Agora, tudo de novo a recomeçar...

Um século, meus amigos...

Um século de um erro a outro erro...

Vede o martírio da mulher que em cem anos nada mais fez senão transviar-se por invigilância!

De 1943 até o ano findo, padecimentos novos me exacerbaram a luta, até que a prece e o amor me socorreram.

Venho, pois, compartilhar-vos a oração, a fim de que me renove, de modo a partir dignamente ao encontro do esposo que buscou reaproximar-se de mim, na condição de filho, para, de alguma sorte, ensaiarmos juntos a jornada reparadora.

Com a presente narrativa, não tenho outro intuito senão dizer-vos que a vida está continuando...

Que o trabalho não cessa...

Que o tempo não morre...

E que ai daqueles que caem, porque o soerguimento, muitas vezes, constitui fogo e fel no coração.

Sou um Espírito em reajuste.

Alguém que vos bate à porta, rogando amparo.

Pobre mulher que fala às outras, avisando-as quanto ao flagelo que nos aguarda, cada vez que o nosso coração foge aos princípios superiores da senda de elevação...

Expresso-me, assim, porque os homens, até certo ponto, são produto de nossa influência e domínio.

Os homens que nos partilham o leito, que se nutrem do pão que amassamos, que nos absorvem os pensamentos e que nos ouvem as palavras são nossos filhos e nossos irmãos, dependendo de nós para a vitória da Justiça e do Bem.

Que o Senhor nos dê consciência de nosso mandato! Que as companheiras presentes me ajudem com as suas preces, aproveitando igualmente a experiência aflitiva da mísera irmã que, em se perdendo, há tanto tempo, ainda não conseguiu recuperar-se...

Que Deus nos ilumine!...

MARIA DA GLÓRIA

30
Coração e cérebro

No encerramento das nossas atividades, na reunião da noite de 2 de outubro de 1954, foi Meimei quem tomou as faculdades psicofônicas do médium, alertando-nos para a cultura do coração.

Imaginemos um castelo de prodigiosa beleza, no cimo da montanha, talhado em ouro maciço, ostentando torres de cristal, ameias incrustadas de pérolas e pátios pavimentados de brilhantes, entre ogivas refulgentes, mas sem água que lhe garanta a habitabilidade e alegria.

Ao clarão diurno, faísca de cintilações e, à noite, assemelha-se a santuário sublime vestido de prateada luz.

Entretanto, na aridez em que se encrava, reduz-se a solitário retiro, no qual somente as aranhas e as serpes da sombra se amontoam, rebeldes e envenenadas.

Eis, porém, que surge um dia em que de fonte oculta aflora no palácio um fio d'água humilde.

E onde havia abandono aparece o pouso agasalhante, cercado de jardins, substituindo a secura que se enfeitava de pó.

Escorpiões e víboras fogem apressados, ante os hinos do trabalho e as vozes das crianças.

Temos nesses símbolos o cérebro supermentalizado e o coração regenerador.

O raciocínio erguido às culminâncias da cultura, mas sem a compreensão e sem a bondade que fluem do entendimento fraterno, pode ser um espetáculo de grandeza, mas estará distante do progresso e povoado pelos monstros das indagações esterilizantes ou inúteis.

Enriqueçamo-lo, porém, com o manancial do sentimento puro e a inteligência converter-se-á, para nós e para os outros, num templo de sublimação e paz, consolo e esperança.

Cultivemos o cérebro sem olvidar o coração.

Sentir, para saber com amor; e saber, para sentir com sabedoria, porque o amor e a sabedoria são as asas dos anjos que já comungam a glória de Deus.

MEIMEI

31
UM IRMÃO DE REGRESSO

Os ensinamentos por nós recolhidos, na reunião da noite de 7 de outubro de 1954, constituem, a nosso ver, informações de grande interesse para todos os companheiros que militam no socorro aos desencarnados.

O mensageiro espiritual que nos visitou foi o nosso confrade Efigênio S. Vítor, antigo trabalhador do Espiritismo em Belo Horizonte, onde, por largos anos, emprestou as melhores forças à Doutrina que nos reconforta.

Sua palestra psicofônica demonstra com detalhes a carinhosa atenção prodigalizada por nossos benfeitores espirituais aos nossos agrupamentos doutrinários, porquanto o que se dá, em nossa agremiação simples e sincera, acontece em todas as casas espíritas onde o escopo essencial seja o serviço ao próximo, sob o amparo de nosso divino Mestre.

Leiamos-lhe a mensagem consoladora e instrutiva.

Espírita militante que fui, muitas vezes, dirigindo sessões mediúnicas, desejei que algum dos companheiros desencarnados me trouxesse notícias do Além, tão precisas e claras quanto possível, a começar do ambiente das reuniões que eu presidia ou das quais partilhava.

Desembaraçado agora do corpo físico, não obstante carregar ainda muitas velhas imperfeições morais, tentarei comentar nossa paisagem de serviço, no intuito de fortalecê-los, na edificação que fomos chamados a levantar.

Como não ignoram, operamos aqui em bases de matéria noutra modalidade vibratória.

Por mercê de Deus, possuímos nossa sede de trabalho em cidade espiritual que se localiza nas regiões superiores da Terra ou, mais propriamente, nas regiões inferiores do Céu.

Gradativamente, a humanidade compreenderá, com dados científicos e positivos, que há no planeta outras faixas de vida.

E assim como existe, por exemplo, para o serviço humano o solo formado de argila, areia, calcário e elementos orgânicos, temos para as nossas atividades o solo etéreo, em esfera mais elevada, com as suas propriedades químicas especiais e obedecendo a leis de plasticidade e densidade características.

É de lá, de onde se erguem organizações mais nobres para a sublimação do espírito e onde a natureza estua em manifestações mais amplas de sabedoria e grandeza, que tornamos ao convívio de nossos irmãos encarnados para a continuação da tarefa que abraçamos no mundo.

Satisfazendo, porém, ao nosso objetivo essencial, aproveitaremos os minutos de que dispomos para falar-lhes, de algum modo, acerca da tela de nossas atividades.

Qual ocorre aos demais santuários de nossa fé, orientados pelo devotamento ao bem, junto aos quais o Plano superior mantém operosas e abnegadas equipes de assistência, nossa casa, consagrada à Espiritualidade, é hoje um pequeno mas expressivo posto de auxílio, erigido à feição de pronto-socorro.

Instruções psicofônicas

Com a supervisão e cooperação de vasto corpo de colaboradores em que se integram médicos e religiosos, inclusive sacerdotes católicos, ministros evangélicos e médiuns espíritas já desencarnados, além de magnetizadores, enfermeiros, guardas e padioleiros, temos aqui diversificadas tarefas de natureza permanente.

Nossa reunião está garantida por três faixas magnéticas protetoras.

A primeira guarda a assembleia constituída e aqueles desencarnados que se lhes conjugam à tarefa da noite.

A segunda faixa encerra um círculo maior, no qual se aglomeram algumas dezenas de companheiros daqui, ainda em posição de necessidade, à cata de socorro e esclarecimento.

A terceira, mais vasta, circunda o edifício, com a vigilância de sentinelas eficientes, porque, além dela, temos uma turba compacta – a turba dos irmãos que ainda não podem partilhar, de maneira mais íntima, o nosso esforço no aprendizado evangélico. Essa multidão assemelha-se à que vemos, frequentemente, diante dos templos católicos, espíritas ou protestantes com incapacidade provisória de participação no culto da fé.

Bem junto à direção de nossas atividades, está reunida grande parte da equipe de funcionários espirituais que nos preservam as linhas magnéticas defensivas.

À frente da mesa orientadora, congregam-se os companheiros em luta a que nos referimos.

E em contraposição com a porta de acesso ao recinto, dispomos em ação de dois gabinetes, com leitos de socorro, nos quais se alonga o serviço assistencial.

Entre os dois, instala-se grande rede eletrônica de contenção, destinada ao amparo e controle dos desencarnados rebeldes ou recalcitrantes, rede essa que é um exemplar das muitas que, da vida espiritual, inspiraram a medicina moderna no tratamento pelo eletrochoque.

E assim organiza-se nossa casa para desenvolver a obra fraterna em que se empenha, a favor dos companheiros que não encontraram, depois da morte, senão as suas próprias perturbações.

Assinalando, de maneira fugacíssima, o setor de nossa movimentação, devemos recordar que, acima da crosta terrestre comum, temos uma cinta atmosférica que classificamos por "cinta densa", com a profundidade aproximada de 50 quilômetros, e, além dela, possuímos a "cinta leve", com a profundidade aproximada de 950 quilômetros, somando 1.000 quilômetros acima da esfera em que vocês presentemente respiram.

Nesse grande mundo aéreo, encontramos múltiplos exemplares de almas desencarnadas, junto de variadas espécies de criaturas sub-humanas, em desenvolvimento mental no rumo da humanidade.

Milhões de Espíritos alimentam-se da atmosfera terrestre, demorando-se, por vezes, muito tempo, na contemplação íntima de suas próprias visões e criações, nas quais habitualmente se imobilizam, à maneira da alga marinha que nutre a si mesma, absorvendo os princípios do mar.

* * *

Meus amigos, para o espírita a surpresa da desencarnação pode ser muito grande, porque além-túmulo continuamos nas criações mentais que nos inspiravam a existência do mundo.

O Espiritismo é uma concessão nova do Senhor à nossa evolução multimilenária.

Surpreendemos em nossa Doutrina vastíssimo campo de libertação, mas também de responsabilidade profunda, e o maior trabalho que nos compete efetuar é o de nosso próprio burilamento interior, para que não estejamos vagueando nas trevas das horas inúteis, pois somente aqueles que demandam a morte, sustentando maiores valores de aperfeiçoamento próprio, é que se ajustam sem sacrifício à própria elevação.

Reportando-nos à experiência religiosa, poucos padres aqui continuam padres, poucos pastores prosseguem pastores e raros médiuns de nossas formações doutrinárias continuam médiuns, porquanto os títulos de serviço na Terra envolvem deveres de realização dos quais quase sempre vivemos em fuga pelo vício de pretender a santificação do vizinho, antes de nossa própria melhoria, em nos referindo à construção moral da virtude.

A morte é simplesmente um passo além da experiência física, simplesmente um passo.

Nada de deslumbramento espetacular, nada de transformação imediata, nada de milagre e, sim, nós mesmos, com as nossas deficiências e defecções, esperanças e sonhos.

Por isso, propunha-me a falar-lhes, de algum modo, nesta primeira *visita psicofônica*, do compromisso que assumimos, aceitando a nossa fé pura e livre... porque num movimento renovador tão grande, tão iluminativo e tão reconfortante quanto o nosso, é muito fácil começar, muito difícil prosseguir e, apenas em circunstâncias muito raras, somos capazes de conquistar a coroa da vitória para a tarefa que encetamos.

Somos espíritas encarnados e desencarnados.

À nossa frente, desdobra-se a vida – a vida que precisamos compreender com mais largueza de pensamento, com mais altura de ideal e com mais sadio interesse no estudo e na prática da Doutrina que vale em nossa peregrinação por sublime empréstimo de Deus.

Não se esqueçam de que se é grande a significação de nossa fé, enquanto viajamos no mundo, a importância dela é muito mais ampla depois de perdermos a veste fisiológica.

Em outra oportunidade, tornaremos ao intercâmbio. Nossos assuntos são fascinantes e, em outro ensejo, nossa amizade voltará.

Jesus nos ilumine e abençoe.

Efigênio S. Vítor

32
PALAVRAS DE LUZ

Grande júbilo marcou para nós a noite de 14 de outubro de 1954. Na fase terminal de nossas tarefas, o Espírito José Xavier, através dos canais psicofônicos, avisou-nos fraternalmente:

"Esforcemo-nos por entrelaçar pensamentos e preces, por alguns minutos, pois receberemos, na noite de hoje, a palavra, distanciada embora, de quem há sido, para muitos de nós, um anjo e uma benfeitora. Nosso Grupo, em sua feição espiritual, deve permanecer atento. Neste instante, aproximar-se-á de nós, tanto quanto possível, a grande Teresa d'Avila e, assim como um grão de areia pode, em certas situações, refletir a luz de uma estrela, nosso conjunto receber-lhe-á a mensagem de carinho e encorajamento, através de fluidos teledinâmicos. A mente do Chico está preparada agora, qual se fosse um receptor radiofônico. Repetirá, automaticamente, com certa zona cerebral mergulhada em absoluta amnésia, as palavras de luz da grande alma, cujo nome não ousarei repetir. Rogamos aos companheiros se mantenham em oração e silêncio, por mais dois a três minutos".

Preparado o grupo, tivemos a felicidade de ouvir a nossa abnegada Benfeitora espiritual, cuja mensagem falada nos atingiu os corações, como sendo sublime projeção de amor e luz.

Por muito se adiante a alma no tempo, há sempre tempo para que a alma reconsidere a estrada percorrida, abastecendo-se de esperança no amor daqueles a quem ama, assim como o viajante no mar provê a si mesmo de água doce, a fim de seguir à frente.

"Há tempo de semear e tempo de colher" – diz-nos a experiência da Escritura.

E, se juntos partilhamos a promessa, não seria justo olvidarmo-nos uns aos outros no dia da realização.

"Deixai crescer reunidos o trigo e o joio, até que venha a ceifa" – recomendou por sua vez o Senhor.

Entretanto, a palavra de sua sabedoria não nos inclina à indiferença. E, lembrando-a, não curamos de ser o trigo porque hoje nos vejamos fora do escuro sedimento da carne e nem insinuamos sejais vós o joio por permanecerdes dentro dela.

Recordamos simplesmente que todos trazemos ainda no campo das próprias almas o joio da ilusão e o trigo da verdade, necessitados da mercê do celeste Cultivador.

Irmãos, não é apenas por regalar-se o espírito na confiança que se lhe descortinarão as portas da vida glorificada, mas sim por se lhe acenderem o conhecimento e a virtude, por meio do trabalho bem sofrido e da caridade bem exercitada.

Outrora, buscávamos a paz na quietude do claustro, na suposição de que a vitória pudesse brilhar a distância da guerra contra as nossas próprias faltas, e disputávamos a posse do santo sepulcro do excelso Rei, ao preço de sangue e lágrimas dos semelhantes, como se lhe não devêssemos o próprio coração por escabelo aos pés divinos.

Hoje, porém, dispomos de suficiente luz para o caminho e não seria lícito permutar o pão da sabedoria pelo fel da loucura.

Enquanto os séculos de sombra e impenitência se escoam no pó do mundo, preparai nesse mesmo pó, erigido em tabernáculo de carne, os séculos futuros, em que nos reuniremos de novo para a exaltação do triunfo eterno.

Enalteçamos o sacrifício, aprendendo a renunciar para possuir, a perder para ganhar e a morrer para viver.

Por algum tempo ainda padeceremos o cativeiro das nossas culpas e transgressões, mas, em breve, aceitando o trilho escabroso e bendito da cruz, exalçaremos, diante da Majestade divina, a nossa libertação para sempre.

Que o Senhor seja louvado.

TERESA D' ÁVILA

33
UM ANTIGO LIDADOR

Encerrando as nossas atividades socorristas na reunião de 21 de outubro de 1954, fomos reconfortados com a visita do irmão Ernesto Senra, antigo lidador dos arraiais espiritistas de Minas Gerais.

Foi ele um dos fundadores do "Centro Espírita Amor e Luz", a primeira organização doutrinária de Pedro Leopoldo, instalada em 5 de fevereiro de 1903, emprestando, anos mais tarde, sua valiosa colaboração às casas espíritas de Belo Horizonte.

Sua palavra de companheiro esclarecido e perspicaz denota grande conhecimento de nossa vida mental e de nossas necessidades doutrinárias, merecendo, por isso, a nossa justa atenção.

Imaginai pequena bandeja de papel sobre um ímã. As partículas de ferro organizar-se-ão, segundo as linhas de força do campo magnético por ele estabelecido.

Mentalizemos as radiações gravitantes que arremessamos de nós, em torno do próprio veículo que nos exterioriza. Os órgãos vivos que o constituem reproduzir-lhes-ão o impulso e a natureza, inclinando-nos ao equilíbrio ou ao desequilíbrio, à saúde ou à enfermidade.

Nossa mente pode ser comparada a vigorosa usina eletromagnética de emissão e recepção e o nosso corpo espiritual, seja no círculo da carne ou em nosso presente estágio evolutivo fora dela, é um condensador em que os centros de força desempenham a função de baterias e em que os nervos servem por fios condutores, transmitindo-nos as emanações mentais e absorvendo-as, em primeira mão, de conformidade com a lei de correspondência ou de fluxo e refluxo.

No exame de quaisquer perturbações, é indispensável o serviço de autoanálise para conhecer a onda vibratória em que nos situamos e a fim de ponderar quanto aos elementos que estamos atraindo.

Isso é de fundamental importância no estudo de nossas impressões orgânicas, porque, provocando os eflúvios mórbidos das entidades enfermas que se nos associam ao mundo psíquico, já estamos consumindo esses mesmos eflúvios, originariamente produzidos por nosso próprio pensamento, colocando-nos em ligação indesejável com os habitantes da sombra.

Através de nossas radiações, favorecemos a eclosão ou o desenvolvimento de moléstias aflitivas, como sejam a neurastenia e a debilidade, a epilepsia e a loucura, a paralisia e a angina, a tuberculose e o câncer, sem nos reportarmos às doenças menores, catalogadas nos quadros da sintomatologia comum.

Referimo-nos, porém, ao assunto, não para pesquisar os raios da treva, de cuja intimidade precisamos distância.

Tangemos a questão, destacando o impositivo de trabalho para os nossos setores doutrinários, no campo do Espiritismo, de modo a cunharmos novos padrões para nossas atitudes e atividades, criando um estado de consciência individual e coletiva, em que preponderem a saúde e a harmonia, a compreensão e a tolerância, a bondade e o otimismo, o altruísmo e a fortaleza moral.

A cada passo, somos defrontados por grupos de nossa Doutrina que mais se assemelham a muros de lamentação, repletos de petitórios e necessidades, quando possuímos em nosso movimento toda uma fonte de bênçãos renovadoras e dons divinos, à feição de ricos potenciais, mobilizáveis na concretização de nosso idealismo com Jesus.

Compete-nos, dessa forma, acionar as energias ao nosso alcance para que a nossa tarefa não se converta em graciosa colheita de conforto particularista, mas sim numa campanha viva e ativa de valores educacionais, porquanto o Espiritismo envolve em si mesmo o mais vasto empreendimento de espiritualização até agora surgido no mundo.

Valioso é o nosso patrimônio doutrinário. Mas, se o tesouro permanece aferrolhado no cofre das teorias inoperantes, em verdade perderemos no século oportunidade das mais preciosas, expressa no ensejo de nossa própria edificação ao sol do Cristianismo Redivivo.

Em nossa posição de associados de luta, encontramos também doutrinadores sempre ágeis na ministração do ensinamento, com imensa dificuldade de assimilá-los a si mesmos; companheiros que exaltam a paciência, conservando o coração à maneira dum poço de irascibilidade e de orgulho; irmãs que se reportam à humildade, transformando o lar que o Senhor lhes confia em trincheira de guerra contra os próprios familiares, e amigos que glorificam a lição do Mestre, salientando o impositivo da bondade e do perdão, com absoluta incapacidade de suportar os irmãos da retaguarda.

Cabe-nos, assim, modelar recursos e iniciativas que aperfeiçoem não apenas os nossos corações, mas também nossas casas de trabalho, a se fundamentarem nas nossas próprias almas.

Para esse fim, é indispensável a coragem de aceitar os princípios, incorporando-os à nossa existência.

Os velhos homens do mar abandonaram a vela que lhes dificultava a navegação; entretanto, para atingir esse resultado, investigaram o vapor e dispuseram-se a receber-lhe os benefícios.

As antigas cidades aboliram o serviço deficiente do gás, contudo, para isso, estudaram a eletricidade e adotaram a lâmpada.

Reclamamos um Espiritismo, não somente sentido, crido e ensinado, mas substancialmente vivido, porque amanhã seremos congregados pela Vida eterna e o trabalho na Vida eterna brilhará nas mãos daqueles servidores que, desde agora, procurem realizar a sua própria renovação para o bem.

Amigos, cremos não estar usando a palavra de maneira ociosa.

Desejamos fazer em vossa companhia essa mesma cruzada em que empenhais o coração, uma vez que nós outros, os vossos companheiros desencarnados, também somos caminheiros da libertação, decididos a estabelecer novos rumos em nós mesmos, a fim de que a nossa fé seja tanto aí, quanto aqui, trabalho vivo e santificante.

Ernesto Senra

34
PARASITOSE MENTAL

Na reunião da noite de 28 de outubro de 1954, fomos novamente felicitados com a palavra do nosso Instrutor espiritual Dr. Francisco de Menezes Dias da Cruz, que nos enriqueceu os estudos, palestrando em torno do tema que ele próprio definiu por "parasitose mental".

Observações claras e precisas, estabelecendo um paralelo entre o parasitismo no campo físico e o vampirismo no campo espiritual, o Dr. Dias da Cruz, na condição de médico que é, no-las fornece, aconselhando-nos os elementos curativos do divino Médico, por meio do Evangelho, a fim de que estejamos em guarda contra a exploração da sombra.

Avançando em nossos ligeiros apontamentos acerca da obsessão, cremos seja de nosso interesse apreciar o vampirismo, ainda mesmo superficialmente, para figurá-lo como sendo inquietante fenômeno de parasitose mental.

Sabemos que a parasitogenia abarca em si todas as ocorrências fisiopatológicas, dentro das quais os organismos vivos, quando negligenciados ou desnutridos, se habilitam à hospedagem e à reprodução dos helmintos e dos ácaros que escravizam homens e animais.

Não ignoramos também que o parasitismo pode ser externo ou interno.

Nas manifestações do primeiro, temos o assalto de elementos carnívoros, como por exemplo as variadas espécies do aracnídeo acarino sobre o campo epidérmico e, nas expressões do segundo, encontramos a infestação de elementos saprófagos, como, por exemplo, as diversas classes de platielmíntios, em que se destacam os cestoides no equipamento intestinal.

E, para evitar as múltiplas formas de degradação orgânica, que o parasitismo impõe às suas vítimas, mobiliza o homem largamente os vermífugos, as pastas sulfuradas, as loções mercuriais, o pó de estafiságria e recursos outros, suscetíveis de atenuar-lhe os efeitos e extinguir-lhe as causas.

No vampirismo, devemos considerar igualmente os fatores externos e internos, compreendendo, porém, que, na esfera da alma, os primeiros dependem dos segundos, porquanto não há influenciação exterior deprimente para a criatura, quando a própria criatura não se deprime.

É que pelo ímã do pensamento doentio e descontrolado, o homem provoca sobre si a contaminação fluídica de entidades em desequilíbrio, capazes de conduzi-lo à escabiose e à ulceração, à dipsomania e à loucura, à cirrose e aos tumores benignos ou malignos de variada procedência, tanto quanto aos vícios que corroem a vida moral, e, por meio do próprio pensamento desgovernado, pode fabricar para si mesmo as mais graves eclosões de alienação mental, como sejam as psicoses de angústia e ódio, vaidade e orgulho, usura e delinquência, desânimo e egocentrismo, impondo ao veículo orgânico processos patogênicos indefiníveis, que lhe favorecem a derrocada ou a morte.

Imprescindível, assim, viver em guarda contra as ideias fixas, opressivas ou aviltantes, que estabelecem, ao redor de nós, maiores ou menores perturbações, sentenciando-nos à vala comum da frustração.

Toda forma de vampirismo está vinculada à mente deficitária, ociosa ou inerte, que se rende, desajustada, às sugestões inferiores que a exploram sem defensiva.

Usemos, desse modo, na garantia de nossa higiene mentopsíquica, os antissépticos do Evangelho.

Bondade para com todos, trabalho incansável no bem, otimismo operante, dever irrepreensivelmente cumprido, sinceridade, boa vontade, esquecimento integral das ofensas recebidas e fraternidade simples e pura, constituem sustentáculo de nossa saúde espiritual.

"Amai-vos uns aos outros como eu vos amei" – recomendou o divino Mestre.

"Caminhai como filhos da luz" – ensinou o apóstolo da gentileza.

Procurando, pois, o Senhor e aqueles que o seguem valorosamente, pela reta conduta de cristãos leais ao Cristo, vacinemos nossas almas contra as flagelações externas ou internas da parasitose mental.

Dias da Cruz

35
CARIDADE

No momento preciso das instruções, na noite de 4 de novembro de 1954, foi nosso amigo espiritual José Silvério Horta, mais conhecido por "Monsenhor Horta", quem ocupou os recursos psicofônicos do médium, dirigindo-nos a sua palavra cristã.

Sacerdote católico na última romagem terrestre, Monsenhor Horta deixou em Minas formosas tradições de humildade, simplicidade e amor cristão, destacando-se por fiel servidor de Jesus, e, confirmando as notícias que lhe exornam o nome, teceu, para a nossa edificação espiritual, significativas considerações em torno da caridade, que transcrevemos a seguir.

Filhos, em verdade, outra virtude não existe mais bela.

Todos os dons da vida, emoldurando-a, empalidecem como os lumes terrenos quando o Sol aparece vitorioso.

Desde a antiguidade, a ciência e a filosofia erigem à própria exaltação gloriosos monumentos que se transformam em cinza, a fim de que elas mesmas se renovem.

Em todos os tempos, a autoridade e o poder fazem guerras que esbarram no sepulcro, entre sombra e lamentação.

Só a Caridade, filha do Amor celeste, é invariável.

Com ela, desceu nosso Senhor Jesus Cristo à treva humana e, abraçando os fracos e enfermos, os vencidos e desprezados, levantou os alicerces do reino de Deus que as forças do bem na Terra ainda estão construindo.

Vinde, pois, à seara do Evangelho, trazendo no coração a piedade fraternal que tudo compreende e tudo perdoa!...

Acendamos a flama da caridade quando orarmos!

Em nossas casas de socorro espiritual, achamo-nos cercados por todos os tipos de sofrimento, enquanto nos devotamos à prece... Que decorrem de tristes almas desencarnadas a carregarem consigo as escuras raízes de ilusão e delinquência, com que se prendem à retaguarda...

São as filas atormentadas daqueles que traficaram com o altar, que venderam a consciência nos tribunais da justiça, que mercadejaram com os títulos respeitáveis, que menosprezaram a bênção do lar, que tripudiaram sobre o amor puro, que fizeram do corpo físico uma porta à viciação, que se renderam às sugestões das trevas alimentando-se de vingança, que fizeram da violência cartilha habitual de conduta, que acreditaram na força sobre o direito, que se desmandaram no crime, que sepultaram a mente em pântanos de usura e que se abandonaram, inermes, à ociosidade, à perturbação, à perversidade e à morte moral...

Para todos esses corações encarcerados na sombra expiatória, é indispensável saibamos trazer, em nome do Cristo, a chama do sacrossanto amor que ilumina e salva, esclarece e aprimora...

Inegavelmente, enquanto na carne, não conseguis analisar a extensão das consciências em desequilíbrio que se nos abeiram das preces, como sedentos em torno à fonte...

Viveis, provisoriamente, a condição do manancial incapaz de saber quão longo é o caminho da própria corrente na regeneração do deserto.

Cabe-nos, assim, o mais amplo esforço para que a caridade persista em nossos pensamentos, palavras e ações, porquanto é imprescindível avivá-la também quando agimos.

No círculo doméstico e na vida pública, tanto quanto em todos os domínios de vossa atuação nas lides terrestres, sois igualmente defrontados pelos companheiros em desajuste que, como nos acontece a todos, anseiam por reerguimento e restauração.

Guardemos caridade para com todos aqueles que nos rodeiam... Para com os felizes que não sabem medir a própria ventura e para com os infortunados que não podem ainda compreender o valor da provação que os vergasta, para com jovens e velhos, crianças e doentes, amigos e adversários!...

Cultivemo-la em toda parte... Caridade que saiba renunciar a favor de outrem, que se cale ajudando em silêncio, e que se humilhe, sobretudo, a fim de que o desespero não domine os corações que pretendemos amar...

Todos na Terra suspiram pelo melhor.

A mulher que vedes, excessivamente adornada, muita vez traz o coração chagado de angústia.

O homem que surge, assinalado pela riqueza terrestre, quase sempre é portador de um vulcão no crânio entontecido.

A juventude espera orientação, a velhice pede amparo.

Onde estiverdes, não condeneis!

O lodo da miséria nasce no charco da ignorância em cujos laços viscosos a leviandade ainda se enleia.

Nós, porém, que já conhecemos a lição do Senhor, quinhoados que fomos por sua bênção, podemos abreviar o caminho para a grande libertação, desde que a caridade brilhe conosco, dissipando a sombra e lenindo o sofrimento.

É assim que vos concitamos à mais intensa procura do Cristo para que o Cristo esteja em nós, uma vez que somente no Espírito divino de Jesus é que conseguiremos vencer a dominação das trevas, estendendo no mundo o império silencioso da caridade, por vitoriosa luz do Céu.

José Silvério Horta

36
A ORAÇÃO CURATIVA

A reunião da noite de 11 de novembro de 1954 trouxe-nos a confortadora visita do Espírito Padre Eustáquio.

Sacerdote extremamente consagrado ao bem, nosso amigo residiu, por alguns anos, em Belo Horizonte, onde, por meio de seu nobre coração e de sua mediunidade curadora, inúmeros sofredores encontraram alívio.

Sempre rodeado por verdadeira multidão de infelizes, Padre Eustáquio foi o apóstolo das curas, das quais se ocuparam largamente os jornais de nosso país. E, continuando, além-túmulo, o seu ministério sublime, conforme a observação dos médiuns clarividentes de nosso Grupo, compareceu às nossas preces acompanhado por uma pequena multidão de Espíritos conturbados e infelizes a lhe pedirem socorro.

O prezado visitante senhoreou as faculdades psicofônicas do médium com todas as características de sua personalidade, inclusive a mímica oratória e a voz que lhe eram peculiares quando encarnado.

Sua alocução, de grande beleza para nós, em vista da simplicidade em que foi vazada, é portadora de expressivos apontamentos com respeito à oração.

Meus amigos.

Que a paz do Cristo permaneça em nossos corações, conduzindo-nos para a luz.

Fui padre católico romano, naturalmente limitado às concepções do meu ambiente, mas não tanto que não pudesse compreender todos os homens como tutelados de nosso Senhor.

A morte do corpo veio dilatar os horizontes de meu entendimento e agora vejo com mais clareza a necessidade do esforço conjunto de todas as nossas escolas de interpretação do Evangelho, para que nos confraternizemos com fervor e sinceridade, à frente do eterno Amigo.

Com esse novo discernimento, visito-vos o núcleo de ação cristianizante, tomando por tema a oração como poder curativo e definindo a nossa fé como dom providencial.

O mundo permanece coberto de males de toda a sorte.

Há epidemias de ódio, desequilíbrio, perversidade e ignorância, como em outro tempo conhecíamos a infestação de peste bubônica e febre amarela.

Em toda parte, vemos enfermidades, aflições, descontentamentos, desarmonias...

Tudo é doença do corpo e da alma.

Tudo é ausência do Espírito do Senhor.

Não ignoramos, porém, que todos temos a prece à nossa disposição como força de recuperação e de cura.

É necessário orientar as nossas atividades, no sentido de adaptar-nos à lei do bem, acalmando nossos sentimentos e sossegando nossos impulsos,

Instruções psicofônicas

para, em seguida, elevar o pensamento ao manancial de todas as bênçãos, colocando a nossa vida em ligação com a divina Vontade.

Sabemos hoje que outras vibrações escapam à ciência terrestre, além do ultravioleta e aquém do infravermelho.

À medida que se desenvolve nos domínios da inteligência, compreende o homem com mais força que toda matéria é condensação de energia.

Disse o Senhor: "Brilhe vossa luz" – e, atualmente, a experimentação positiva revela que o próprio corpo humano é um gerador de forças dinâmicas, constituído assim como um feixe de energias radiantes, em que a consciência fragmentária da criatura evolui ao impacto dos mais diversos raios, a fim de entesourar a Luz divina e crescer para a consciência cósmica.

Vibra a luz em todos os lugares e, por ela, estamos informados de que o universo é percorrido pelo fluxo divino do Amor infinito, em frequência muitíssimo elevada, através de ondas ultracurtas que podem ser transmitidas de espírito a espírito, mais facilmente assimiláveis por intermédio da oração.

Cada aprendiz do Evangelho necessita, assim, afeiçoar-se ao culto da prece, no próprio mundo íntimo, valorizando a oportunidade que lhe é concedida para a comunhão com o infinito Poder.

Para isso, contudo, é indispensável que a mente e o coração da criatura estejam em sintonia com o amor que domina todos os ângulos da vida, porque a lei do amor é tão matemática como a lei da gravitação.

Mentalizemos a eletricidade, por exemplo, na rede iluminativa. Caso apareça qualquer hiato na corrente, ninguém se lembrará de acusar a usina, como se o fluxo elétrico deixasse de existir. Certificar-nos-emos sem dificuldade de que há um defeito na lâmpada ou na tomada de força.

Derrama-se o amor de nosso Senhor Jesus Cristo para todos os corações, no entanto, é imprescindível que a lâmpada de nossa alma se mostre em condições de receber-lhe o toque sublime.

Os materiais que constituem a lâmpada são apetrechos de exteriorização da luz, mas a eletricidade é invisível.

Assim também, nós vemos o amor de Deus em nossas vidas, por intermédio do grande Mediador, Jesus Cristo, em forma de alegria, paz, saúde, concórdia, progresso e felicidade; entretanto, acima de todas essas manifestações, abordáveis ao nosso exame, permanece o invisível manancial do ilimitado Amor e da ilimitada Sabedoria.

Usando imagens mais simples, recordemos o serviço da água no abrigo doméstico.

Logicamente, as fontes são alimentadas por vivas reservas da natureza, mas, para que a água atinja os recessos do lar, não prescindiremos da instalação adequada.

A canalização deve estar bem-disposta e bem limpa.

Em vista disso, é necessário que todas as atitudes em desacordo com a lei do amor sejam extirpadas de nossa existência, para que o inesgotável Poder penetre por meio de nossos humildes recursos.

O canal de nossa mente e de nosso coração deve estar desimpedido de todos os raciocínios e sentimentos que não se harmonizem com os padrões de nosso Senhor.

Alcançada essa fase preparatória, é possível utilizar a oração por medida de reajuste para nós e para os outros, incluindo quantos se encontram perto ou longe de nós.

Ninguém pode calcular no mundo o valor de uma prece nascida do coração humilde e sincero diante do Todo-Misericordioso.

Certamente as tinturas e os sais, as vitaminas e a radioatividade são elementos que a Providência divina colocou a serviço dos homens na Terra.

É também compreensível que o médico seja indispensável, muitas vezes, à cabeceira dos doentes, porque, em muitas situações, assim como o professor precisa do discípulo e o discípulo do professor, o enfermo precisa do médico, tanto quanto o médico necessita do enfermo, na permuta de experiência.

Isso, porém, não nos impede usar os recursos de que dispomos em nós mesmos. E estejamos convictos de que, ligando o fio de nossa fé à usina do infinito Bem, as fontes vivas do Amor eterno derramar-se-ão por meio de nós, espalhando saúde e alegria.

Assim como há lâmpadas para voltagens diversas, cada criatura tem a sua capacidade própria nas tarefas do auxílio. Há quem receba mais, ou menos força.

Desse modo, conduzamos nossa boa vontade aos companheiros que sofrem, suplicando a infinita Bondade em favor de nós mesmos.

É indispensável compreender que a oração opera uma verdadeira transfusão de plasma espiritual, no levantamento de nossas energias.

Se nos sentimos fracos, peçamos o concurso de um companheiro, de dois companheiros ou mais irmãos, porque as forças reunidas multiplicam as forças e, dessa forma, teremos maiores possibilidades para a eclosão do amparo divino que está simplesmente esperando que a nossa capacidade de transmissão e de sintonia se amplie e se eleve, em nosso próprio favor.

Mentalizemos o órgão enfermo, a pessoa necessitada ou a situação difícil, à maneira de campos em que o divino Amor se manifestará, oferecendo-lhes nosso coração e nossas mãos, por veículos de socorro, e veremos fluir, por nós, os mananciais da Vida eterna, porque o Pai Todo-Compassivo e Jesus nosso Senhor nunca se empobrecem de bondade.

A indigência é sempre nossa.

Muitos dizem "não posso ajudar porque não sou bom", mas, se já fôssemos senhores da virtude, estaríamos noutras condições e noutras esferas.

Consola-nos saber que somos discípulos do bem e, nessa posição, devemos exercitá-lo.

Movimentemos a boa vontade.

Não temos ainda as árvores da generosidade e da compreensão, da fé irrepreensível e da perfeita caridade, mas possuímos as sementes que lhes correspondem. E toda semente bem plantada recolhe do Alto a graça do crescimento.

Assim, pois, para que tenhamos assegurado o êxito da nossa plantação de qualidades superiores, é preciso nos disponhamos a fazer da própria vida um canal de manifestação do constante Auxílio.

Todos temos provas, dificuldades, moléstias, aflições e impedimentos, contudo, dia a dia, colocando nosso espírito à disposição do divino Amor que flui do centro do universo para todos os recantos da vida, desenvolver-nos-emos em entendimento, elevação e santificação.

Trabalhemos, portanto, estendendo a oração curativa.

A vossa assembleia de socorro aos irmãos conturbados na sombra é uma exaltação da prece desse teor, porque trazeis ao vosso círculo de serviço aquilo que guardais de melhor e contais simplesmente com o divino Poder, já que nós, de nós mesmos, nada detemos ainda de bom senão a migalha de nossa confiança e de nossa boa vontade.

Em nome do Evangelho, sirvamos e ajudemos.

E que nosso Senhor Jesus Cristo nos assista e abençoe.

Eustáquio

37
MENSAGEM DE UM SACERDOTE

Em nossa reunião da noite de 18 de novembro de 1954, os recursos psicofônicos do médium foram ocupados pelo nosso irmão C. T., que fora, algum tempo antes, assistido em nossa agremiação.

Nosso amigo C. T., que não podemos designar senão pelas iniciais, por motivos facilmente compreensíveis, trouxe-nos interessante relato de suas próprias experiências, do qual salientamos o trecho em que se reporta à emoção de que se viu possuído, quando, ao fitar, compungido, um velho crucifixo, escutou a voz de um amigo espiritual, acordando-lhe a consciência para a verdadeira compreensão de Jesus; consideramos de indizível beleza semelhante tópico da presente mensagem por referir-se ao Cristo vivo, fora dos santuários de pedra, servindo incessantemente em favor do mundo.

Irmãos.

A experiência dos mais velhos é auxílio para os mais jovens.

Quem atravessou o vale da morte pode ajudar aos que ainda transitam nos trilhos obscuros da existência carnal...

A gratidão, por isso, impele-me a trazer-vos algo de mim.

Quando de meu primeiro contato convosco, saí vencido, não convencido...

Acreditei fôsseis magnetizadores socorrendo um enfermo difícil.

E eu despertava de um pesadelo horrível...

Acordava, identificando a mim próprio e, reconhecendo-me o sacerdote categorizado que eu era, ressurgia, revoltado e impenitente.

Debalde benfeitores espirituais estenderam-me os braços.

Em vão, consoladoras vozes se me fizeram ouvir.

As ordenações e convencionalismos da Terra jaziam petrificados em minha cabeça-dura.

Fizera da autoridade a minha expressão de força.

Usara a mitra com o orgulho do padre invigilante que se eleva nas funções hierárquicas, com o propósito de dominar o pensamento dos próprios irmãos.

E por mais que a piedade me dirigisse cativantes exortações, recalcitrei, desesperado...

Não supunha fosse a morte aquele fenômeno de reavivamento.

Minhas impressões do corpo físico mostravam-se intactas e minhas faculdades, intangíveis...

Reclamei meus títulos e exigi minha casa e, naturalmente, para se não delongarem por meio de conversação inútil, companheiros espirituais tomaram-me as mãos.

Num átimo, vi-me à porta selada de meu domicílio, mas agora sem ninguém...

Decerto, meus caridosos condutores entregavam-me à própria consciência.

Aflito, gritei por meus servidores, contudo, minhas vozes morreram sem eco.

A noite avançara...

Desrespeitosa algazarra alcançou-me os ouvidos.

Desafetos gratuitos pronunciavam sarcasticamente o meu nome, em meio da sombra espessa:

— Abram a porta ao senhor bispo!

— Assistência para o dono da casa!...

— Atendam ao visitante ilustre...

— Lugar para Sua Eminência!...

Isso tudo de permeio com irreverentes gargalhadas.

Receando o ridículo, busquei a igreja que me era familiar.

Sacerdotes amigos vigiavam em oração.

Contudo, por mais que apelasse para a minha condição de chefe, ninguém me assinalou as súplicas aflitivas.

Ajoelhei-me diante das imagens a que rendia culto, no entanto, jamais como naquela hora havia reparado com tanta segurança a frieza dos ídolos que representavam objetos sagrados de minha fé.

Desejava fazer-me sentido, ouvido, tocado...

Então, como se um ímã me provocasse, retrocedi apressadamente...

Em passos ligeiros, desci à pequena câmara escura.

Fora atraído por meus próprios restos.

Ali descansava, na escuridão silenciosa, o corpo que me servira.

O bafio repelente do túmulo obrigava-me a recuar...

Algo, porém, me constrangia a compulsória aproximação.

Toquei as vestes rotas e senti que minha alma se justapunha aos ossos desnudados...

Queria reassumir a posição vertical entre os homens.

Mas apenas vermes e mais vermes eram, ali, a única nota de vida.

Dominado de terrível pavor, tornei ao altar para as orações mais íntimas... Orações que brotassem de mim, diferentes daquelas que decorara para iludir o tempo.

Procurei um velho crucifixo.

Ali, estava a cruz do Senhor.

Não era um ídolo, era um símbolo.

Via-me sozinho, desanimado, e orei, compungidamente.

Rememorei os ensinamentos do Mestre divino, que recolhia as almas desavoradas e enfermas para restituir-lhes o alento...

E uma voz à retaguarda, cuja inflexão de energia e brandura não conseguiria traduzir, exclamou para meu espírito fatigado:

— Amigo, tua casa na Terra cerrou-se com teus olhos!...

Teus poderes eclesiásticos estão agora reduzidos a um punhado de cinzas...

E de todas as atividades sacerdotais que exerceste, permanece tão só esta de agora – a de tua própria fé ressuscitada na humildade do coração!

Cristo não permanece crucificado nos altares de pedra, disputando a reverência daqueles que supõem prestigiar-lhe a memória, a preço de incenso e ouro...

Jesus está lá fora! Com as mães que se sentem desamparadas, com os discípulos que sustentam em si mesmos duro combate!...

O Senhor caminha ao longo da velha senda que o homem palmilha, há milênios, procurando aqueles que anelam amealhar fraternidade e luz, serviço e renovação...

Avança ao encontro das almas fiéis que repartem o tempo entre a lição que educa e o trabalho que santifica....

Busca as crianças sem ninho, asilando-as nos braços daqueles que lhe recordam a amorosa exortação...

Respira nas fábricas, onde o suor dos humildes pede socorro...

Ora nos círculos atormentados da luta redentora, onde corações restaurados no Evangelho intentam a construção de nova estrada para o futuro...

Cristo vive lá fora, reconfortando os caluniados e enxugando as lágrimas de quantos se sentem morrer na solidão dos vencidos...

O Senhor, ainda e sempre, é o celeste Peregrino do mundo...

Nas noites frias, é o agasalho dos que não receberam a graça do lar...

Junto ao fogão sem lume, é o calor que regenera as energias dos que não puderam adquirir uma côdea de pão...

Enfermeiros nos hospitais, conchega de encontro ao peito os doentes em abandono...

Amigo infatigável dos cegos e dos leprosos, dos cansados e dos tristes, instila-lhes, generoso, a bênção da esperança...

O Mestre jamais envergou a túnica da ociosidade que lhe quadraria ao coração como um sudário de morte...

Vamos! Vamos em busca do Senhor ressuscitado!

Procuremos o Cristo, além da cruz, tomando a cruz que nos é própria, a fim de encontrá-lo na grande ressurreição!...

Aflito, mas devolvido a mim mesmo, senti frio...

Minha igreja estava gelada, mas, ao calor da prece, roguei ao Céu permissão para esposar novo roteiro, sob a luz viva do Evangelho restaurado, na religião do esforço humanitário e social, com o templo guardando a fé por base e a caridade por teto...

E abraçando convosco a senda renovada, tento agora avançar para o futuro sublime!...

Que o Senhor nos ampare.

C. T.

38
Pensamento

Em nossa reunião de 25 de novembro de 1954, felicitou-se nosso Grupo com a presença do Espírito Lourenço Prado que, pelos canais psicofônicos, nos ofertou expressiva palestra, acerca do pensamento.

Escritor largamente conhecido nos arraiais do Espiritualismo em nosso país e autor de vários livros de grande mérito, sua palavra, na alocução que transcrevemos, versa sobre sintonia, equilíbrio e colaboração em nossa vida mental.

Depois da morte física, empolgante é o quadro de surpresas que se nos descortina à visão, contudo, para nós, cultores do Espiritualismo, uma das maiores dentre todas é a confirmação do poder mental como força criadora e renovadora, em todas as linhas do universo.

O Céu, como domicílio espacial da beleza, existe realmente, porque não podemos imaginar o Paraíso erguido sobre um pântano, todavia, acima de tudo, o Céu é a faixa de pensamentos glorificados a que nos ajustamos, com todas as criaturas de nosso degrau evolutivo.

O Inferno, como sítio de sofrimento expiatório, igualmente não pode ser contestado, porque não será justo idear a existência do charco num templo vivo, mas, acima de qualquer noção de lugar, o Inferno é a rede de pensamentos torturados, em que nos deixamos prender, com todos aqueles que nos comungam os problemas ou as aflições de baixo nível.

É preciso acordar para as realidades do mentalismo, a fim de nos desembaraçarmos dos grilhões do pretérito, criando um amanhã que não seja reflexo condicionado de ontem.

A Lei concede-nos, em nome de Deus, na atualidade, o patrimônio de revelações do Moderno Espiritualismo para aprendermos a pensar, ajudando a mente do mundo nesse mesmo sentido.

O pensamento reside na base de todas as nossas manifestações.

Evoluímos no curso das correntes mentais, assim como os peixes se desenvolvem nas correntes marinhas.

Refletimos, por isso, todas as inteligências que se afinam conosco no mesmo tom.

Na alegria ou na dor, no equilíbrio ou no desequilíbrio, agimos com todos os Espíritos, encarnados ou desencarnados, que, em nossa vizinhança, se nos agregam ao modo de sentir e de ser.

Saúde é o pensamento em harmonia com a Lei de Deus. Doença é o processo de retificá-lo, corrigindo erros e abusos perpetrados por nós mesmos, ontem ou hoje, diante dela.

Obsessão é a ideia fixa em situações deprimentes, provocando, em nosso desfavor, os eflúvios enfermiços das almas que se fixaram nas mesmas situações.

Tentação é a força viciada que exteriorizamos, atraindo a escura influência que nos inclina aos desfiladeiros do mal, porque toda sintonia com a ignorância, ou com a perversidade, começa invariavelmente da perversidade ou da ignorância que acalentamos conosco.

Um prato de brilhantes não estimulará a fome natural de um cavalo, mas excitará a cobiça do homem, cujos pensamentos estejam desvairados até o crime.

Lembremo-nos, assim, da necessidade de pensar irrepreensivelmente, educando-nos, de maneira a avançarmos para diante, errando menos.

A matéria, que nos obedece ao impulso mental, é o conjunto das vidas inferiores que vibram e sentem, a serviço das vidas superiores que vibram, sentem e pensam.

O pensamento raciocinado é a maior conquista que já alcançamos na Terra.

Procuremos, desse modo, aperfeiçoar nossa mente e sublimá-la, através do estudo e do trabalho que nos enobreçam a vida.

Felicidade, pois, é o pensamento correto.

Infortúnio é o pensamento deformado.

Um santuário terrestre é o fruto mental do arquiteto que o idealizou, com a cooperação dos servidores que lhe assimilaram as ideias.

O mundo novo que estamos aguardando é construção divina, mentalizada por Cristo, na exaltação da humanidade. Trabalhadores que somos, contratados por nosso divino Mestre, saibamos pensar com Ele para com Ele vencermos.

Lourenço Prado

39
PROVAÇÃO

Complementando-nos as tarefas, na noite de 2 de dezembro de 1954 fomos surpreendidos com a presença do irmão Mozart, desencarnado há tempos, e que, por meio do médium, nos relatou sua triste história.

Foi pessoalmente conhecido de alguns dos nossos companheiros de agremiação e seu comunicado faz-nos lembrar as palavras do divino Mestre: "Muito se pedirá de quem muito recebeu".

Meus irmãos.

Sou um mendigo de consolação, batendo-vos à porta.

Lembro-me da seara espírita com a tortura do exilado, chorando o paraíso perdido, e recordo a mediunidade com a aflição do lavrador, carregado de remorsos por haver sentenciado a enxada que lhe era própria ao desvalimento e à ferrugem.

Noutro tempo, partilhei o pão que vos nutre a mesa, no entanto, envenenei-o com a lama da vaidade e sofro as consequências.

Benfeitores espirituais auxiliaram-me na obtenção das preciosas oportunidades que desfrutei em minha última existência na Terra, contudo, apesar de desligado agora do veículo físico, ainda não consegui amealhar suficiente luz para reaver o caminho de retorno a eles.

Tenho os horizontes mentais sob o fumo do incêndio que ateei no meu próprio destino.

Amparado por recursos da Vida superior, sob a flama de ardente entusiasmo, comecei a missão da cura...

Utilizando a prece, via fluir por meus dedos a energia radiante e restauradora, extasiando-me ante as feridas que se fechavam, ante as dores que desapareciam e ante os membros semimortos que readquiriam movimento.

Com o trabalho veio o êxito e com o êxito chegaram às considerações públicas e os caprichos individuais satisfeitos que me fizeram estremecer...

Não consegui suportar a coroa de responsabilidade que me ornava a cabeça, resvalando na perturbação e na inconsciência.

Asseverando-me espiritualista, recolhi do Espiritismo e do Esoterismo conhecimentos e princípios que me favoreceram a extensão da influência pessoal.

Cego para as lições claras da vida e surdo aos apelos de ordem moral, intentei dominar as mentes alheias e explorá-las a meu bel-prazer.

Manejando a força magnética, encastelei-me no poder oculto...

Tarde, porém, reconheci que o poder oculto, sem o poder do reto pensamento, é tão perigoso para a alma quanto o dinheiro malconduzido ou a ciência mal-aplicada, que esbarram, invariavelmente, na extravagância ou no arrependimento, na loucura ou na morte.

Em minha insensatez, acreditando-me dono da Luz, pretendi substituir os instrutores espirituais que se expressavam por intermédio de minhas mãos, entretanto, ai de mim!... A candeia sem combustível confunde-se com as trevas...

E eu que desejava escravizar, acabei escravizado, que sonhava honrarias, adquiria a vergonha, que me propunha deter a fortuna, terminei possuído pela indigência, que admitia vencer, vi-me derrotado, em pavorosa humilhação...

E, atravessando a grande fronteira, sou ainda um enfermo em dolorosa experiência.

É por isso que, em me reconfortando ao contato de vossa casa simples e de vossas orações sinceras, deixo-vos, com o meu reconhecimento, os meus pobres apelos:

— Espiritualistas, Espiritistas e Esoteristas, orai e vigiai! Não vos interesseis simplesmente por vosso bem-estar, olvidando o bem-estar dos outros!...

Não fujais ao trabalho.

Não vos furteis ao estudo.

Não olvideis a simplicidade!

Não eviteis a luz!...

E, sobretudo, para que aflitivas surpresas não vos povoem a estrada futura, tende por norma, além dos apontamentos, avisos e diretrizes dos orientadores que se responsabilizam por nossos campos de atividade, o roteiro do Mestre dos mestres, que nos ensinou para a conquista real da felicidade o extremo sacrifício a favor do próximo e que nos legou a cruz da renunciação, como sublime talismã, capaz de garantir-nos a vitória na vida eterna!...

MOZART

40
VERSOS DO NATAL

Revestiu-se para nós de grande alegria a parte final da nossa reunião de 9 de dezembro de 1954.

Meimei ocupou as faculdades psicofônicas do médium e anunciou em voz clara:

Meus irmãos, Jesus nos abençoe.

Graças à Bondade divina, nossas tarefas foram rematadas com a necessária segurança.

As melhoras dos nossos companheiros sofredores, assistidos nesta noite, serão progressivas continuando, assim, no aconchego de nossas organizações espirituais.

Agora, solicitamos dos presentes alguns instantes de pensamentos amigos, tão entrelaçados quanto possível, em torno da memória de Jesus, para favorecermos a visita de nossa irmã Cármen Cinira, que algo nos falará, hoje, acerca do Natal.

Afastou-se Meimei e a transfiguração do médium dá-nos a entender que outra entidade lhe tomava o equipamento. E, decorridos brevíssimos minutos, com um timbre de voz que nos soava harmoniosamente aos ouvidos, a poetisa Cármen Cinira, em versos encantadores e vibrantes, saúda o Natal que se aproxima, poesia essa que ela própria intitulou por:

VERSOS DO NATAL

Enquanto a glória do Natal se expande

Na alegria que explode e tumultua,

Lembra o divino Amigo, além, na rua...

E repara a miséria escura e grande.

Aqui, reina o Palácio do Capricho

Que a louvores e júbilos se entrega,

Onde a prece ao Senhor é surda e cega

E onde o pão apodrece sobre o lixo.

Ali, ergue-se a Casa da Ventura,

Que guarda a fé por fúlgido tesouro,

Instruções psicofônicas

Onde a imagem do Cristo, em prata e ouro,

Dorme trancada em cárceres de usura.

Além, é o Ninho da Felicidade

Que recorda Belém, cantando à mesa,

Mas de portas cerradas à tristeza

Dos que choram de dor e de saudade.

Mais além, clamam sinos com voz pura:

"Jesus nasceu!" – É o Templo dos Felizes

Que não se voltam para as cicatrizes

Dos que gemem nas chagas de amargura...

Adiante, o Presépio erguido em trono

Louva o Rei Pequenino e Solitário,

Olvidando os herdeiros do Calvário

Sobre as cinzas dos catres de abandono.

De quando em quando, o Mestre, em companhia

Daqueles que padecem sede e fome,

Bate ao portal que lhe relembra o nome,

Mas em resposta encontra a noite fria.

E quem contemple a Terra que se ufana,

Ante o doce esplendor do eterno Amigo,

Divisará, de novo, o quadro antigo:

Cristo esmolando asilo na alma humana.

Natal!... O mundo é todo um lar festivo!...

Claros guizos no ar vibram em bando...

E Jesus continua procurando

A humilde manjedoura do amor vivo.

Natal! eis a divina Redenção!...

Regozija-te e canta, renovado,

Instruções psicofônicas

Mas não negues ao Mestre desprezado

A estalagem do próprio coração.

Cármen Cinira

41
SENTIMENTO

O encerramento da nossa reunião de 16 de dezembro de 1954 assinalou grande regozijo para o nosso Grupo.

Por meio do médium, recebemos a visita de Áulus, abnegado instrutor espiritual,[17] que nos falou acerca do sentimento como base de nossa vida mental, oferecendo-nos interessante conceituação educativa sobre o assunto e salientando que na comunhão mais íntima com o divino Mestre é que poderemos consolidar o equilíbrio de que carecemos para realizar o nosso aprimoramento interior.

Amigos.

Em nossas relações com o Senhor, com os nossos semelhantes, com a Vida e com a natureza, é importante lembrar que a nossa própria alma produz os modelos sutis que nos orientam as atividades de cada dia.

Tanto quanto a segurança de um edifício corresponde ao projeto a que se subordina, o êxito ou o fracasso em nossos menores empreendimentos correspondem à nossa atitude espiritual.

---
[17] Nota do organizador: Trata-se do Benfeitor espiritual a que se refere André Luiz em seu livro *Nos domínios da mediunidade*.

Sabemos em fotografia que o clichê é a imagem negativa obtida na câmara escura, do qual podemos extrair inumeráveis provas positivas. Assim também o pensamento é a matriz que compomos na intimidade do ser, com a qual é possível criar infinitas manifestações de nossa individualidade.

Mas a formação do clichê depende da película sensível que, em nosso caso, é o sentimento antecedendo-nos toda e qualquer elaboração de ordem mental.

É imprescindível, dessa forma, melhorar sempre e cada vez mais as nossas aquisições de fraternidade, entendimento e simpatia.

A estrela é conhecida pela luz que desprende de si mesma.

A presença da flor é denunciada pelo perfume que lhe é característico.

A criatura é identificada pelas irradiações que projeta.

Sorvemos ideias, assimilamos ideias e exteriorizamos ideias todos os dias.

É imperioso, assim, em nosso intercâmbio uns com os outros, observar os nossos estados sentimentais nas bases de nossas reflexões e raciocínios, como origens de nossa vitória ou de nossa derrota no campo de luta vulgar.

Ilustrando-nos a conceituação despretensiosa, evoquemos a natureza para simbolizar alguns de nossos sentimentos e clarear, tanto quanto possível, a lição que a experiência nos oferece.

O ódio é comparável à hiena, espalhando terror e morte.

A inveja é semelhante à serpente que rasteja, emitindo raios de venenoso magnetismo.

O ciúme parece um lobo famulento, estendendo aflição e desconfiança.

A agressividade assemelha-se ao ouriço, arremessando espinhos na direção daqueles que lhe respiram a presença.

O amor é comparável ao Sol que aquece e ilumina.

A compreensão copia a fonte amiga.

A tolerância fraterna é qual árvore que serve e ajuda sempre.

A gentileza é irmã da música construtiva, desdobrando consolações e mitigando o infortúnio.

O sentimento elevado gera o pensamento elevado e o pensamento elevado garante a elevação da existência.

Sintamos bem, para bem refletir, assegurando o bem na estrada que fomos convidados a percorrer.

Em verdade, o pensamento é a causa da ação, mas o sentimento é o molde vibrátil em que o pensamento e a causa se formam.

Sentindo, modelamos a ideia.

Pensando, criamos o destino.

Atendamos à higiene mental, entretanto não nos esqueçamos de que a casa, por mais brilhante e por mais limpa, não viverá feliz sem alimento. E a bondade é o pão das almas.

Em razão disso, recomendou-nos o divino Mestre, em sua lição imperecível: "Amai-vos uns aos outros como Eu vos amei."

ÁULUS

42
Divino Amigo, vem!

Com a nossa reunião, na noite de 23 de dezembro de 1954, estávamos encerrando as atividades do ano. Era um ciclo de tempo a fechar-se, diante de outro que prestes se abriria... Trazendo-nos imenso júbilo, nosso amigo Emmanuel controlou os recursos psicofônicos do médium e orou conosco, em voz alta, sentidamente.

Senhor,

Tu que nos deste no Tempo

O sábio condutor de nossos destinos,

Faze-nos entender a bênção dos minutos,

A fim de não perdermos o tesouro dos séculos...

Porque o Tempo, Senhor,

Guardando-nos a alma

Nos braços das horas incessantes,

Embora nos amadureça o entendimento,

Não nos ergue da Terra

Ao encontro de ti.

Por ele, temos a hora do berço

E a hora do túmulo,

A hora de semear

E a hora de colher,

A hora de rir

E a hora de chorar...

Com ele, temos a experiência

Da dor e da alegria,

Da ilusão e da realidade,

Do conforto e da angústia,

Que, em nos transformando o raciocínio,

Não nos alteram o coração.

É por isso, Senhor,

Que te rogamos

Assistência e socorro!...

Ajuda-nos a cooperar com os dias,

Para que os dias colaborem conosco.

Ensina-nos a buscar

A hora de buscar-te,

No respeito aos teus desígnios,

No trabalho bem vivido,

No estudo de tuas leis,

No serviço aos semelhantes,

Na contemplação de tua grandeza

E na ação constante do bem.

Livra-nos da inércia,

Porque sem tua bênção

A ronda dos milênios

É só repetição,

Prova e monotonia...

Divino Amigo, vem!...

E ampara-nos a senda

Porque, sem ti, o Tempo,

Embora sendo luz

E embora sendo vida,

Sem que te procuremos,

Deixar-nos-á clamando

Nos abismos da sombra,

Da aflição e da morte...

Emmanuel

43
Hoje

Na noite de 6 de janeiro de 1955, nosso Grupo reiniciou as atividades e, na parte reservada às instruções, Meimei, com a simplicidade que lhe é peculiar, utilizou o médium e nos falou, generosa:

Meus irmãos, Jesus nos abençoe.

Ano novo, trabalho recomeçado...

É a bênção de Deus que se refaz na bênção das horas.

Valorizemos, por isso, o tempo que se chama hoje.

Hoje é o Sol, a vida, a possibilidade, a esperança...

Ontem, é o dia que se foi.

Amanhã, é o dia que virá.

Hoje, contudo, é o tempo que está conosco.

É a nossa oportunidade de erguer o pensamento a mais altos níveis, de conquistar a felicidade das obrigações bem cumpridas, de proclamar a boa vontade para com todos e estender as mãos aos semelhantes...

Hoje, é o momento de renovar o coração, varrendo a ferrugem da ociosidade, expulsando o vinagre do desencanto, extinguindo o bolor da tristeza e pulverizando o caruncho do desânimo.

Hoje, é o dia de sorrir para a dificuldade e ajudar com alegria.

Levanta-te, luta e vive, porque Hoje é o momento em que o Senhor lança à Terra a escada luminosa do trabalho para que lhe escalemos os degraus, ao encontro dele, em pleno Céu...

> Neste ponto da sua dissertação, Meimei fez uma pausa expressiva e continuou logo após:

Com esta saudação, desejamos a todos os companheiros paz e bom ânimo, no campo de fraternidade e serviço que nos foi concedido a lavrar. E, ainda sobre o Tempo, pedimos alguns instantes de auxílio silencioso, para que possamos ouvir a palavra do nosso amigo Luiz Pistarini, que faz ao nosso Grupo, nesta noite, uma visita de gentileza e carinho.

> Em breves segundos, a expressão facial do médium modificou-se. O grande poeta fluminense, utilizando-lhe as faculdades, levantou-se e, com voz cheia e comovida, falou-nos:

Instruções psicofônicas

Amigos, visitando-vos o núcleo de Evangelho, trago-vos esta singela página do coração:

NA ÚLTIMA HORA

O anjo da morte entrara, belo e puro...

E, ostentando nas mãos um facho aceso,

Disse-me ao coração triste e surpreso:

— Pobre amigo! é a ti mesmo que eu procuro!...

A memória rompera estranho muro.

A sós comigo, exânime e indefeso,

Regressei ao passado e vi-me preso

Às ansiedades do caminho escuro.

Amores e ambições... penas e abrolhos...

E o pranto que jorrava de meus olhos

Banhou-me a fria máscara de cera.

Mas na sombra abismal do último dia,

Não chorava a existência que fugia;

Em vão, chorava o tempo que perdera...

Luiz Pistarini

44
ARQUITETOS ESPIRITUAIS

Em nossa reunião da noite de 13 de janeiro de 1955, fomos novamente agraciados com a visita do nosso companheiro Efigênio S. Vítor que nos trouxe interessantes apontamentos, com respeito aos Espíritos arquitetos, na palestra que passamos a transcrever.

Examinando os variados setores de nossas atividades e encarecendo o valor da contribuição dos diversos amigos que colaboram conosco, é preciso salientar o esforço dos Espíritos arquitetos em nossa equipe de trabalhos habituais.

Em cada reunião espírita, orientada com segurança, temo-los prestativos e operantes, eficientes e unidos, manipulando a matéria mental necessária à formação de quadros educativos.

Simplifiquemos o assunto, quanto seja possível, para compreendermos a necessidade de nosso auxílio a esses obreiros silenciosos.

Aqui, como em toda parte onde tenhamos uma agremiação de pessoas com fins determinados, existe na atmosfera ambiente um centro mental definido, para o qual convergem todos os pensamentos, não somente nossos, mas também daqueles que nos comungam as tarefas gerais.

Esse centro abrange vasto reservatório de plasma sutilíssimo, de que se servem os trabalhadores a que nos referimos, na extração dos recursos imprescindíveis à criação de formas-pensamento, constituindo entidades e paisagens, telas e coisas semi-inteligentes, com vistas à transformação dos companheiros dementados que intentamos socorrer.

Uma casa como a nossa será, inevitavelmente, um pouso acolhedor, abrigando, em nossos objetivos de confraternização, os amigos desencarnados, enfermos e sofredores, a se desvairarem na sombra.

Para que se recuperem, é indispensável recebam o concurso de imagens vivas sobre as impressões vagas e descontínuas a que se recolhem. E para esse gênero de colaboração especializada são trazidos os arquitetos da vida espiritual, que operam com precedência em nosso programa de obrigações, consultando as reminiscências dos comunicantes que devam ser amparados, observando-lhes o pretérito e anotando-lhes os labirintos psicológicos, a fim de que em nosso santuário sejam criados, temporariamente embora, os painéis movimentados e vivos, capazes de conduzi-los à metamorfose mental, imprescindível à vitória do bem.

É assim que, aqui dentro, em nossos horários de ação, formam-se jardins, templos, fontes, hospitais, escolas, oficinas, lares e quadros outros em que os nossos companheiros desencarnados se sintam como que tornando à realidade pregressa, através da qual se põem mais facilmente ao encontro de nossas palavras, sensibilizando-se nas fibras mais íntimas e favorecendo-nos, assim, a interferência que deve ser eficaz e proveitosa.

Delitos, dificuldades, problemas e tragédias que ficaram a distância, requisitam dos nossos companheiros da ilustração espiritual muito trabalho para que sejam devidamente revisionados, objetivando-se o amparo a todos aqueles que nos visitam, em obediência aos planos traçados de mais alto.

É assim que as forças mento-neuro-psíquicas de nosso agrupamento são manipuladas por nossos desenhistas, na organização de fenômenos que possam revitalizar a visão, a memória, a audição e o tato dos Espíritos sofredores, ainda em trevas mentais.

Espelhos ectoplásmicos e recursos diversos são também por eles improvisados, ajudando a mente dos nossos amigos encarnados, que operam na fraseologia assistencial, dentro do Evangelho de Jesus, a fim de que se estabeleça perfeito serviço de sintonia, entre o necessitado e nós outros.

Para isso, porém, para que a nossa ação se caracterize pela eficiência, é necessário oferecer-lhes o melhor material de nossos pensamentos, palavras, atitudes e concepções.

Toda a cautela é recomendável no esforço preparatório da reunião de intercâmbio com os desencarnados menos felizes, porque a elas comparecemos, na condição de enfermeiros e instrutores, ainda mesmo quando não tenhamos, em nosso campo de possibilidades individuais, o remédio ou o esclarecimento indispensáveis.

Em verdade, contudo, por meio da oração, convertemo-nos em canais do socorro divino, apesar da precariedade de nossos recursos, e, em vista disso, é preciso haja de nossa parte muita tranquilidade, carinho, compreensão e amor, a fim de que a colaboração dos nossos companheiros arquitetos encontre em nós base segura para a formação dos quadros de que nos utilizamos na obra assistencial.

Nossa palavra é simplesmente a palavra de um aprendiz.

Achamo-nos entre os mais humildes recém-vindos à lide espiritual, mas, aproveitando as nossas experiências do passado, tomamos a liberdade de palestrar, comentando alguns dos aspectos de nossa sementeira e de nossa colheita, que funcionam todos os dias, conforme o ensinamento imortal do Senhor: "A cada um por suas obras".

EFIGÊNIO S. VÍTOR

Afastando-se o nosso amigo Efigênio, o nosso irmão José Xavier controla o médium e avisa-nos, prestimoso:

Solicitamos ainda aos companheiros alguns instantes de silêncio e oração, para que a nossa irmã Auta de Souza, presente em nossa casa, se manifeste, segundo os seus desejos.

Decorridos alguns momentos, o médium apresenta singular modificação. A conhecida poetisa norte-rio-grandense domina-lhe as faculdades e recita em voz pausada e comovedora:

SEGUE E CONFIA

Alma cansada e triste, alma sincera,

Sorve a angústia do cálix derradeiro!

Guarda a bênção da fé sob o madeiro

Da aflição que te punge e dilacera.

Trabalha, serve e crê, ajuda e espera,

Imitando o celeste Companheiro...

Um dia, o doloroso cativeiro

Será livre e ridente primavera.

Instruções psicofônicas

Vencendo ulcerações, trevas e escombros,

Bendize a dor que te enriquece os ombros

Com as chagas do martírio austero e forte.

A cruz que te aguilhoa, dia a dia,

É o luminoso preço da alegria

Na vida que te aguarda além da morte.

AUTA DE SOUZA

45
BOA VONTADE

Finalizando as nossas tarefas da noite de 20 de janeiro de 1955, foi Meimei quem nos trouxe o reconforto de sua palavra.

Expressando-se com o carinho que lhe assinala as manifestações, falou-nos sobre os méritos da boa vontade.

O Sol é a força que nutre a vida na Terra.

A boa vontade é a luz que alimenta a harmonia entre as criaturas.

Acendamo-la no coração para caminhar com segurança e valor.

No lar, é chama atraente e doce.

Em sociedade, é fonte de concórdia e alegria.

Onde falha o dinheiro e onde o poder humano é insignificante, realiza milagres.

Ao alcance de todos, não a desprezemos.

Em todos os lugares, há chagas que pedem bálsamo, complicações que rogam silêncio, desventuras que esperam socorro e obstáculos que imploram concurso amigo.

Muitos aguardam lances públicos de notabilidade e inteligência, no cultivo da caridade, acabando vencidos pelo tempo, entre a insatisfação e o desencanto.

Sejamos nós soldados diligentes no exército do bem, anônimos e humildes, atravessando os dias no culto fiel à fraternidade.

O ódio e a ignorância guerreiam com ímpeto, conquistando no mundo o salário da miséria e da morte.

O amor e o serviço lutam sem alarde, construindo o progresso e enaltecendo a vida.

Com a boa vontade, aprendemos a encontrar o irmão que chora, o companheiro em dificuldade, o doente infeliz, a criança desamparada, o animal ferido, a árvore sem proteção e a terra seca, prestando-lhes cooperação desinteressada, e é por ela que podemos exercitar o dom de servir, por meio das pequeninas obrigações de cada dia, estendendo mãos fraternas, silenciando a acusação descabida, sofreando a agressividade e calando a palavra imprudente.

Situemo-la no princípio de todas as nossas atividades, a fim de que as nossas iniciativas e anseios, conversações e entendimentos não se desviem da luz.

Lembremo-nos de que a paz e a boa vontade devem brilhar em nossos triunfos maiores ou menores com o nosso divino Mestre.

É por isso que o Evangelho no berço de Jesus começa com a exaltação inesquecível das milícias celestiais:

"Glória a Deus nas alturas, paz na Terra e boa vontade para com os homens".

MEIMEI

46
SESSÕES MEDIÚNICAS

Na noite de 27 de janeiro de 1955, finda a laboriosa tarefa de socorro aos irmãos desencarnados em sofrimento, o nosso amigo espiritual André Luiz compareceu e ofertou-nos os interessantes apontamentos para a condução de sessões mediúnicas que passamos a transcrever.

Amigos, cooperando, de algum modo, em nossas tarefas, registraremos hoje algumas notas, que supomos de real interesse para as nossas sessões mediúnicas habituais.

1º – Acenda a luz do amor e da oração no próprio espírito se você deseja ser útil aos sofredores desencarnados.

2º – Receba a visita do companheiro extraviado nas sombras, nele abraçando com sinceridade um irmão do caminho.

3º – Não exponha as chagas do comunicante infeliz à curiosidade pública, auxiliando-o em ambiente privado como se você estivesse socorrendo um parente enfermo na intimidade do próprio lar.

4º – Não condene, nem se encolerize.

5º – Não critique, nem fira.

6º – Não fale da morte ao Espírito que a desconhece, clareando-lhe a estrada com paciência, para que ele descubra a realidade por si próprio.

7º – Converse com precisão e carinho, substituindo as preciosas divagações e os longos discursos pelo sentimento de pura fraternidade.

8º – Coopere com o doutrinador e com o médium, endereçando-lhes pensamentos e vibrações de auxílio, compreensão e simpatia, sem reclamar deles soluções milagrosas.

9º – Não olvide, a distância, o equilíbrio, a paz e a alegria, a fim de que o irmão sofredor encontre o equilíbrio, a paz e a alegria em você.

10º – Não se esqueça de que toda visita espiritual é muito importante, recordando que, no socorro prestado por nós a quem sofre, estamos recebendo da vida o socorro que nos é necessário, a erguer-se em nós por ensinamento valioso, que devemos assimilar, na regeneração ou na elevação de nosso próprio destino.

André Luiz

Retirando-se André Luiz, o nosso companheiro José Xavier controlou as faculdades do médium e anunciou-nos a presença do poeta Cruz e Souza, recomendando-nos alguns instantes de oração e silêncio. Com efeito, como de outras vezes, alterou-se a expressão mediúnica e, daí a momentos, o novo visitante declamou em voz alta e firme:

Instruções psicofônicas

AO VIAJANTE DA FÉ

Vara o trilho espinhoso, estreito e duro,

E embora te magoe o peito aflito,

Torturado na sede do Infinito,

Guarda contigo o amor sublime e puro.

Martirizado, exânime e inseguro,

Ninguém perceba a angústia de teu grito.

Sangrem-te os pés nos serros de granito,

Segue, antevendo a glória do futuro.

Lembra o Cristo da Luz, grande e sozinho,

E, entre as sarças e as pedras do caminho,

Sobe, olvidando o báratro medonho...

Somente sobe ao Céu ilimitado

Quem traz consigo, exangue e torturado,

O próprio coração na cruz do sonho.

Cruz e Souza

47
SANTA ÁGUA

Rematando as nossas atividades na reunião da noite de 3 de fevereiro de 1955, nosso Grupo recebeu a visita do poeta Benedito Rodrigues de Abreu, desencarnado no estado de São Paulo, que recitou um original poema sobre a água.

SANTA ÁGUA

Recordemos as virtudes de Santa Água!...

Água da chuva que fertiliza o solo,

Água do mar que gera a vida,

Água do rio que sustenta a cidade,

Água da fonte que mitiga a sede,

Água do orvalho que consola a secura,

Água da cachoeira que move a turbina,

Água do poço que alivia o deserto,

Água do banho que garante o equilíbrio,

Água do esgoto que assegura a higiene,

Água do lago que retrata as constelações,

Água que veicula o medicamento,

Água que é carícia, leite, seiva e pão, nutrindo o homem e a natureza,

Água do suor que alimenta o trabalho,

Água das lágrimas que é purificação e glória do espírito...

Santa Água é a filha mais dócil da matéria tangível,

Alongando os braços líquidos para afagar o mundo...

Água que lava,

Água que fecunda,

Água que estende o progresso,

Água que corre, simples, como sangue do globo!...

Água que recolhe os eflúvios dos anjos

Em benefício das criaturas...

Se a dor vos bate à porta,

Instruções psicofônicas

Se a aflição vos domina,

Trazei Santa Água ao vaso claro e limpo,

Orando junto dela...

E o rocio do Alto,

Em grânulos sutis,

Descerá das estrelas

A exaltar-lhe, sublime,

A beleza e a humildade...

E, sorvida por nós,

Santa Água conosco

Será saúde e paz,

Alegria e conforto,

Bálsamo milagroso

De bondade e esperança,

A impelir-nos à frente,

Na viagem divina

Da Terra para o Céu...

RODRIGUES DE ABREU

48
NO CAMPO ESPÍRITA

Pascoal Comanducci foi abnegado companheiro da tarefa espírita em Belo Horizonte.

Médium devotado ao bem, trabalhou quanto lhe foi possível em benefício dos semelhantes.

Desencarnado há alguns anos, na capital mineira, foi ele o amigo espiritual que nos visitou no horário reservado às instruções, em nossa reunião da noite de 10 de fevereiro de 1955, encorajando-nos e alertando-nos na mensagem que vamos ler.

Amigos, Jesus nos ampare.

Em verdade, partilhamos no Espiritismo os júbilos de uma festa.

Assemelhamo-nos a convivas privilegiados num banquete de luz.

Tudo claro.

Tudo sublime.

No entanto, ninguém se iluda.

Não somos trazidos à exaltação da gula.

Fomos chamados a trabalhar.

A Terra de agora é a Terra de há milênios.

E somos, por nossa vez, os mesmos protagonistas do drama evolutivo.

Remanescentes da animalidade e da sombra...

Ossuários na retaguarda, campos de luta no presente...

Meta luminosa por atingir no futuro distante.

Somos almas transitando em roupagens diversas.

Cada criatura renasce no planeta vinculada às teias do pretérito.

Problemas da vida espiritual são filtrados no berço.

E, por isso, na carne, somos cercados por escuros enigmas do destino.

Obsessões renascentes.

Moléstias congeniais.

Dificuldades e inibições.

Ignorância e miséria.

Em todos os escaninhos da estrada, o serviço a desafiar-nos.

Cristo em nós, reclamando-nos o esforço.

A renovação mental rogando a renovação da existência.

O Evangelho insistindo por expressar-se.

Mas, quase sempre, esposamos a fantasia.

Cegos, ante a Revelação divina, suspiramos por facilidades.

E exigimos consolações e vantagens, doações e favores.

Suplicamos intercessões indébitas.

Requisitamos bênçãos imerecidas.

Nossa Doutrina, porém, é um templo para o coração, uma escola para o cérebro e uma oficina para os braços.

Ninguém se engane.

Não basta predicar.

Não vale fugir aos problemas da elevação.

Muitos possuem demasiada ciência, mas ciência sem bondade.

Outros guardam a bondade consigo, mas bondade sem instrução.

No trabalho, porém, que é de todos, todos devemos permutar os valores do concurso fraterno para que o Espiritismo alcance os seus fins.

Precisamos da coragem de subir para aprender.

Necessitamos da coragem de descer dignamente para ensinar.

Caridade de uns para com os outros.

Compreensão incansável e auxílio mútuo.

Em nossos lares de fé, lamentamos as aflitivas questões que surgem...

As rogativas extravagantes, exibindo mazelas morais.

As frustrações domésticas.

Os desequilíbrios da treva.

Os insucessos da luta material.

As calamidades do sentimento.

As escabrosas petições.

E proclamamos com azedia que semelhantes assuntos não constituem temas espíritas.

Realmente, temas espíritas não são.

Mas são casos para a caridade do Espiritismo e de nós outros que lhe recolhemos a luz.

Problemas que nos solicitam a medicina espiritual preventiva contra a epidemia da obsessão.

Mais vale atender ao doente, antes da crise mortal, que socorrê-lo, em nome do bem, quando o ensejo da cura já passou.

Em razão disso, o trabalho para nós é desafio constante. Trabalho que não devemos transferir a companheiros da vida espiritual, algumas vezes mais necessitados de luz que nós mesmos.

O serviço de amparo moral ao próximo é das nossas mais preciosas oportunidades de comunhão com Jesus, nosso Mestre e Senhor, porque, comumente, uma boa conversação extingue o incêndio da angústia.

Um simples entendimento pode ajudar muitas vidas.

No reino da compreensão e da amizade, uma prece, uma frase, um pensamento, conseguem fazer muito.

Quem ora, auxilia além do corpo físico.

Ao poder da oração, entra o homem na faixa de amor dos anjos.

Mas, se em nome do Espiritismo relegamos ao mundo espiritual qualquer petição que aparece, somos servidores inconscientes, barateando o patrimônio sagrado, transformando-nos em instrumentos da sombra, quando somente à luz nos cabe reverenciar e servir.

Também fui médium, embriagado nas surpresas do intercâmbio.

Deslumbrado, nem sempre estive desperto para o justo entendimento.

Por esse motivo, ainda sofro o assédio dos problemas que deixei insolúveis nas mãos dos companheiros que me buscavam, solícitos.

Ajudemos a consciência que nos procura, na procura do Cristo.

Só Jesus é bastante amoroso e bastante sábio para solucionar os nossos enigmas.

Formemos, assim, pequenas equipes de boa vontade em nossos templos de serviço, amparando-nos uns aos outros e esclarecendo-nos mutuamente.

Assim como nos preocupamos no auxílio às crianças e aos velhos, aos famintos e aos nus, não nos esqueçamos do irmão desorientado que a guerra da treva expia.

Doemos, em nome do Espiritismo, a esmola do coração e do cérebro, no socorro à mente enfermiça, porque se é grande a caridade que satisfaz aos requisitos do corpo, em trânsito ligeiro, divina é a caridade que socorre o Espírito, infatigável romeiro da Vida eterna.

PASCOAL COMANDUCCI

49
ALÉM DO SONO

A nossa reunião na noite de 17 de fevereiro de 1955 foi assinalada por verdadeiro regozijo. É que, por meio dos recursos psicofônicos do médium, nosso Grupo recebeu pela primeira vez a palavra direta do Instrutor espiritual Calderaro[18], cuja presença nos sensibilizou muitíssimo. Em sua alocução aborda alguns apontamentos alusivos à nossa conduta espiritual durante o sono físico, estudo esse que consideramos de real valor para a nossa edificação.

De passagem por nosso templo, rogo vênia para ocupar-lhes a atenção com alguns apontamentos ligeiros, em torno de nossas tarefas habituais.

Dia e noite, no tempo, simbolizam existência e morte na vida.

Não há morte libertadora sem existência edificante.

Não há noite proveitosa sem dia correto.

---

[18] Nota do organizador: Trata-se do Instrutor espiritual a que se reporta André Luiz, em seu livro *No mundo maior*.

Vocês não ignoram que a atividade espiritual da alma encarnada estende-se além do sono físico; no entanto, a invigilância e a irresponsabilidade, à frente de nossos compromissos, geram em nosso prejuízo, quando na Terra, as alucinações hipnogógicas, toda vez que nos confiamos ao repouso.

É natural que o dia mal vivido exija a noite mal-assimilada.

O espírito menos desperto para o serviço que lhe cabe, certamente encontrará, quando desembaraçado da matéria densa, trabalho imperioso de reparação a executar.

Por esse motivo, grande maioria de companheiros encarnados gasta as horas de sono exclusivamente em esforço compulsório de reajuste.

Mas, se o aprendiz do bem atende à solução dos deveres que a vigília lhe impõe, torna-se, como é justo, além do veículo físico, precioso auxiliar nas realizações da Esfera superior.

Convidamos, assim, a vocês, tanto quanto a outros amigos a quem nossas palavras possam chegar, à tarefa preparatória do descanso noturno, por meio do dia retamente aproveitado, a fim de que a noite constitua uma província de reencontro das nossas almas, em valiosa conjugação de energias, não somente a benefício de nossa experiência particular, mas também a favor dos nossos irmãos que sofrem.

Muitas atividades podem ser desdobradas com a colaboração ativa de quantos ainda se prendem ao instrumento carnal, principalmente na obra de socorro aos enfermos que enxameiam por toda parte.

Vocês não desconhecem que quase todas as moléstias rotineiras são doenças da ideia, centralizadas em coagulações de impulsos mentais, e somente ideias renovadoras representam remédio decisivo.

Por ocasião do sono, é possível a ministração de amparo direto e indireto às vítimas dos labirintos de culpa e das obsessões deploráveis, por intermédio da transfusão de fluidos e de raios magnéticos, de emanações vitais e de sugestões salvadoras que, na maior parte dos casos, somente os encarnados, com a assistência da Vida superior, podem doar a outros encarnados.

E benfeitores da Espiritualidade vivem a postos, aguardando os enfermeiros de boa vontade, samaritanos da caridade espontânea, que, superando inibições e obstáculos, se transformem em cooperadores diligentes na extensão do bem.

Se vocês desejam partilhar semelhante concurso, dediquem alguns momentos à oração, cada noite, antes do mergulho no refazimento corpóreo.

Contudo, não basta a prece formulada só por só.

É indispensável que a oração tenha bases de eficiência no dia bem aproveitado, com abstenção da irritabilidade, esforço em prol da compreensão fraterna, deveres irrepreensivelmente atendidos, bons pensamentos, respeito ao santuário do corpo, solidariedade e entendimento para com todos os irmãos do caminho, e, sobretudo, com a calma que não chegue a ociosidade, com a diligência que não atinja a demasiada preocupação, com a bondade que não se torne exagero afetivo e com a retidão que não seja aspereza contundente.

Em suma, não prescindimos do equilíbrio que converta a oração da noite numa força de introdução à espiritualidade enobrecida, porque, por meio da meditação e da prece, o homem começa a criar a consciência nova que o habilita a atuar dignamente fora do corpo adormecido.

Consagrem-se à iniciação a que nos referimos e estaremos mais juntos.

É natural não venham a colher resultados, de imediato, nas faixas mnemônicas da recordação, mas, pouco a pouco, nossos recursos associados crescerão, oferecendo-nos mais alto sentido de integração com a vida verdadeira e possibilitando-nos o avanço progressivo no rumo de mais amplas dimensões nos domínios do universo.

Aqui deixamos assinalada nossa lembrança que encerra igualmente um apelo ao nosso trabalho mais intensivo na aplicação prática ao ideal que abraçamos, porque a alma que se devota à reflexão e ao serviço, ao discernimento e ao estudo, vence as inibições do sono fisiológico e, desde a Terra, vive por antecipação na sublime imortalidade.

CALDERARO

50
OBSERVAÇÃO OPORTUNA

Concluindo as nossas lides da noite de 24 de fevereiro de 1955, no tempo reservado às instruções do plano espiritual, fomos brindados com a presença confortadora de nossa irmã Anna Prado, que foi médium de materialização, em Belém do Pará, muito conhecida nos círculos espiritistas do nosso país, por meio de jornais e livros que lhe estudaram os elevados dotes medianímicos.

Utilizando-se dos recursos do médium, falou-nos com simplicidade e brandura, comovendo-nos fundamente, porquanto, a mensagem de que foi portadora é um grito de alerta para todas as criaturas que se entregam aos fenômenos psíquicos sem qualquer interesse pela iluminação interior com Jesus.

Amigos, saibamos receber a paz de Jesus.

Sou a vossa irmã Anna Prado, humilde servidora de nosso ideal.

Não há muitos anos, cooperei na mediunidade de efeitos físicos, na cidade de Belém do Pará, tentando servir ao Espiritismo, não obstante minhas deficiências e provações.

Adapto-me, porém, agora, à mediunidade de efeitos espirituais, nela encontrando seguro caminho para a renovação com o Cristo.

Colaborei na materialização de companheiros desencarnados, na transmissão de vozes do Além, na escrita direta e na produção de outros fenômenos, destinados a formar robustas convicções, em torno da sobrevivência do ser, além da morte, no entanto, ao redor da fonte de bênçãos que fluía, incessante, junto de nossos corações deslumbrados, não cheguei a ver o despertar do sentimento para o Cristo, único processo capaz de assegurar à nossa redentora Doutrina o triunfo que ela merece na regeneração de nós mesmos.

No quadro dos valores psíquicos, a mediunidade de efeitos físicos é aquela que oferece maior perigo pela facilidade com que favorece a ilusão a nosso próprio respeito.

Recolhemos os favores do Céu como dádivas merecidas, quando não passam de simples caridade dos benfeitores da vida espiritual, condoídos de nossa enfermidade e cegueira. E, superestimando méritos imaginários, caímos, sem perceber, no domínio de entidades inferiores, que nos exploram a displicência.

A vaidade na excursão difícil, a que nos afeiçoamos com as nossas tarefas, é o rochedo oculto, junto ao qual a embarcação de nossa fé mal conduzida esbarra com os piratas da sombra, que nos assaltam o empreendimento, buscando estender o nevoeiro do descrédito ao ideal que esposamos, valendo-se, para isso, de nosso próprio desmazelo.

Minhas palavras, porém, não encerram qualquer censura aos gabinetes de experimentação científica.

Seria ingratidão de nossa parte olvidar quanto devemos aos estudiosos e cientistas que, desde o século passado, trazem a lume as mais elevadas ilações a benefício do mundo, mobilizando médiuns e companheiros de boa vontade.

Minha singela observação reporta-se apenas à profunda significação do serviço evangelizador, em nosso intercâmbio, porque o sofrimento, a ignorância, a irresponsabilidade, os problemas de toda espécie e os enigmas de todas as procedências constituem o ambiente comum da Terra, perante o qual a mediunidade de efeitos espirituais deve agir, renovando o sentimento e abordando o coração, para que o raciocínio não pervague ocioso e inútil, à mercê dos aventureiros das trevas que tantas vezes inventam dificuldades para os veneráveis supervisores de nossas realizações.

Favoreçamos, sim, o desenvolvimento da mediunidade de efeitos físicos, onde surja espontânea, nos variados setores de nosso movimento, contudo, amparando-a com absoluto respeito e cercando-a de consciências sinceras para consigo próprias, a fim de que experimentadores e instrumentos medianímicos não sucumbam aos choques da sombra.

Quanto a nós, prossigamos em nosso esforço persistente ao lado do pauperismo e da aflição, da dor e da luta expiatória que exigem da mediunidade de efeitos espirituais os melhores testemunhos de amor fraterno.

Recordemo-nos de Jesus, o intérprete de nosso Pai celestial, que em seu apostolado divino reduziu, quanto possível, os fenômenos físicos ante a miopia crônica das criaturas, e aumentou, sempre mais, as demonstrações de socorro à alma humana, necessitada de luz.

Lembremos o grande Mestre do "Vinde a mim, vós os que sofreis!..." e, colocando-nos a serviço do próximo, esperemos que a curiosidade terrestre acumule méritos adequados para atrair a assistência construtiva de mais Alto, porque somente pela pesquisa com trabalho digno e pela ciência enriquecida de boa consciência é que a mediunidade de efeitos físicos se coroará, na Terra, com o brilho que todos lhe desejamos.

Anna Prado

51
Domínio Magnético

Na noite de 3 de março de 1955, fomos reconfortados com a satisfação de ouvir novamente o Instrutor espiritual Dias da Cruz, que prosseguiu em seus notáveis estudos, acerca da obsessão, transmitindo-nos valioso comentário, em torno da dominação magnética.

Prosseguindo em nosso breve estudo acerca dos fenômenos de obsessão, convém acrescentar algumas notas alusivas à dominação magnética, para compreendermos, com mais segurança, as técnicas de influência e possessão dos desencarnados que ainda padecem o fascínio pela matéria densa, junto dos companheiros que usufruem o equipamento fisiológico na experiência terrestre.

Quem assiste aos espetáculos de hipnotismo, nas exibições vulgares, percebe perfeitamente os efeitos do fluido magnético a derramar-se do responsável pela hipnose provocada sobre o campo mental do paciente voluntário que lhe obedece ao comando.

Neutralizada a vontade, o *sujet* assinala, na intimidade do cosmo intracraniano, a invasão da força que lhe subjuga as células nervosas, reduzindo-o à condição de escravo temporário do hipnotizador com quem se afina, a executar-lhe as ordenações, por mais abstrusas e infantis.

Aí vemos, em tese, o processo de que se utilizam os desencarnados de condição inferior, consciente ou inconscientemente, na cultura do vampirismo.

Justapõem-se à aura das criaturas que lhes oferecem passividade e, sugando-lhes as energias, senhoreiam-lhes as zonas motoras e sensórias, inclusive os centros cerebrais, em que o espírito conserva as suas conquistas de linguagem e sensibilidade, memória e percepção, dominando-as à maneira do artista que controla as teclas de um piano, criando, assim, no instrumento corpóreo dos obsessos as doenças-fantasmas de todos os tipos que, em se alongando no tempo, operam a degenerescência dos tecidos orgânicos, estabelecendo o império de moléstias reais, que persistem até a morte.

Nesse quadro de enfermidades imaginárias, com possibilidades virtuais de concretização e manifestação, encontramos todos os sintomas catalogados na patogenia comum, da simples neurastenia à loucura complexa e do distúrbio gástrico habitual à raríssima afemia estudada por Broca.

Eis por que, respeitando o concurso médico, através da clínica e da cirurgia, em todas as circunstâncias, é imprescindível nos detenhamos no valor da prece e da conversação evangélica, como recursos psicoterápicos de primeira ordem, no trabalho de desobsessão, em nossas atividades espíritas.

O círculo de oração projeta o impacto de energias balsâmicas e construtivas, sobre perseguidores e perseguidos que se conjugam na provação expiatória, e a incorporação medianímica efetua a transferência das entidades depravadas ou sofredoras, desalojando-as do ambiente ou do corpo de suas vítimas e fixando-as, a prazo curto, na organização fisiopsíquica dos médiuns de boa vontade para entendimento e acerto de pontos de vista, em favor da recuperação dos enfermos, com a cessação da discórdia, do desequilíbrio e do sofrimento.

Assim sendo, enquanto a medicina terrestre aperfeiçoa os seus métodos de assistência à saúde mento-física da humanidade, aprimoremos, por nossa vez, os elementos socorristas ao nosso alcance pela oração e pela palavra esclarecedora, pela fé e pelo amor, pela educação e pela caridade infatigável.

Lembremo-nos de que o Evangelho, por intermédio do apóstolo Paulo, no versículo 12, do capítulo 6, de sua *Epístola* aos *Efésios*, nos informa com justeza:

"Não somos constrangidos a guerrear contra a carne ou contra o sangue, mas sim contra os poderes das trevas e contra as hostes espirituais da maldade e da ignorância nas regiões celestes".

Não nos esqueçamos de que a Terra se movimenta em pleno Céu. E todos nós, em nossa carreira evolutiva, nas esferas que lhe constituem a vida, estamos subordinados a indefectíveis leis morais.

FRANCISCO DE MENEZES DIAS DA CRUZ

52
UMA DESPEDIDA

Em nossa reunião da noite de 10 de março de 1955, por permissão de nossos benfeitores espirituais, no horário dedicado às palestras dos instrutores, o amigo desencarnado que conhecemos por José Gomes ocupou a organização psicofônica, falando-nos de sua penosa experiência no Além.

Nosso visitante, há seguramente dois anos, passou pelos serviços assistenciais de nossa agremiação, desorientado e aflito, voltando até nós, agora calmo e consciente, para relatar-nos sua história, por intermédio da qual nos faz sentir toda a gama de sofrimentos em que se enleou, depois do homicídio em que se comprometeu na Terra.

"Uma Despedida" oferece-nos amplo material para meditação e para estudo.

Trazido até aqui por devotados benfeitores, venho agradecer-vos e despedir-me.

Há quase dois anos, fui socorrido nesta casa, fazendo-se luz nas trevas de minha alma...

Eu era, então, um assassino que por cinquenta anos padecia no ergástulo do remorso.

Crendo preservar a minha felicidade, apunhalei um amigo, instigado pela mulher que eu amava e, apoiando-me na desculpa de legítima defesa, consegui absolvição na justiça terrestre.

Contudo, que irrisão! O homem que eu supunha haver aniquilado, mais vivo que nunca prendeu-se-me ao corpo e, em poucos meses, sucumbi devorado por estranha moléstia que escarneceu de todos os recursos da Medicina.

Ai de mim! Nas raias da morte, apesar do conforto que me era oferecido pela fé, por meio de um sacerdote, não encontrei para mentalizar senão o quadro do homicídio que perpetrara.

E à maneira do homem vitimado por tormentoso pesadelo, sem sair do leito em que se acolhe à prostração, vi-me encarcerado em meus próprios pensamentos, vivendo a tortura e o pavor que alimentava no campo da minha alma...

Sempre o terrificante painel a vibrar na memória!...

Um companheiro infeliz, suplicando indefeso: "Não me mate! Não me mate!...". A presença da mulher querida... Os gênios do crime a gargalharem junto de mim e a calma impassível da noite, com a minha cólera insopitável a dessedentar-se num peito exangue e aberto...

Em me cansando de enterrar a lâmina na carne sem resistência, arrojava-me ao piso da câmara iluminada, mas a onda esmagadora de sangue levantava-se do chão, tingindo paredes, afogando móveis, empapando-me a vestimenta e, quando me sentia semissufocado, eis que me erguia de novo para continuar no duelo indefinível.

Se tinha fome, mãos invisíveis ofereciam-me sangue coagulado; se tinha sede, davam-me sangue para beber...

Era dia? Era noite?

Ignorava.

Somente mais tarde, quando amparado pelas palavras de esclarecimento e de amor dos nossos benfeitores, por vosso intermédio, vim a saber que o inimigo se contentara com o meu cadáver e que eu não vivia senão minha própria obsessão, magnetizado por minhas ideias fixas, jungido ao pó do sepulcro, durante meio século, recapitulando quase que interminavelmente o meu ato impensado.

Circunscrito à alcova fatídica, que jazia em minhas reminiscências, passei da extrema cegueira à desmedida aflição.

Existiria, realmente, um Deus de paz e bondade?

Bastou essa pergunta para que réstias de luz se fizessem sentir em meu espírito entenebrecido, como relâmpago em noite de espessa treva...

No entanto, para chegar à certeza de Deus, precisava de um caminho.

Esse caminho era ela, a mulher amada.

Queria vê-la, ouvi-la, tocá-la...

E tanto clamei por isso que, em certa ocasião, senti como que uma rajada de vento forte, arrebatando-me para o seio da noite...

Carregava comigo aquele fatal aposento, contudo, podia agora respirar a brisa refrescante, entre as sombras noturnas que filtravam, de leve, as irradiações da lua nova.

Mais ágil, andei apressadamente...

Onde estaria ela, *a mulher que estava em mim*?

Favorecia-me o sopro do vento e, a minutos breves, alcancei pequeno jardim, vendo-a sentada com uma criança ao colo...

Ah! somente aqueles que sentiram na vida uma profunda e irremediável saudade poderão compreender o alarme de meu espírito naquela hora de reencontro!...

Mas assim que me percebeu, conchegou a criança ao coração e fugiu, espavorida...

Eu devia ser aos seus olhos um fantasma repelente a regressar do túmulo!

Persegui-a, porém, até que a vi penetrando um quarto humilde... Observei-a, ajustando-se ao corpo de carne, tal qual a mão em se colando à luva...

Entendi, sem palavras, a nova situação.

Enlaçada a um homem que lhe partilhava o leito, reconheci, sem explicações verbais, que o filhinho nascituro era meu velho rival e que o homem desconhecido era-lhe agora o esposo, outro adversário que me cabia vencer.

O ódio passou a estourar-me o crânio.

O cheiro acre e fedentinoso de sangue novamente me ensandeceu.

Beijei-a, delirando em transportes de amor não correspondido, e consegui instilar-lhe aversão pelo marido e pelo filho recém-nato.

Queria matá-la... desejava que ela vivesse novamente para mim... pretendia sugar-lhe os eflúvios do coração...

E, durante muitos dias, permaneci naquela casa, desvairado e irresponsável, envenenando a própria medicação que lhe era administrada...

Consegui dominá-la até o dia em que foi conduzida a um círculo de orações...

E, nesse círculo, vossos amigos me encontraram... Encontraram-me e trouxeram-me a esta casa...

Com os ensinamentos que me dirigiram, a câmara do crime desapareceu de minha imaginação... Todas as ideias estagnadas que me limitavam o pensamento, qual se eu fora o próprio remorso num casulo infernal, desfizeram-se, de pronto, como escamas de lodo que, em se desintegrando, me libertaram o espírito...

Desde então, fui admitido em uma escola...

Transcorridos seis meses, tornei ao lar que eu me propunha destruir, transformado pelas lições dos instrutores que vos orientam o santuário.

Novos sentimentos me vibravam no coração.

Compadeci-me daquela que sofria tanto e que tanto se esforçava por reabilitar-se perante a Lei!

Contemplei-lhe o filhinho e o esposo, tomado de viva compaixão...

Achava-me renovado...

Compreendi então convosco que o coração humano – concha divina – pode guardar consigo todos os amores...

Observei a extensão de minhas faltas e voltarei à carne em dias breves!

Aquela por quem me perdi ser-me-á devotada mãe...

Terei um pai humilde, generoso e trabalhador, abençoando-me o restabelecimento moral, e, em meu irmão, já renascido, encontrarei não mais o antagonista, mas o companheiro de provação com quem restaurarei o destino...

Ante o coração que me estimula a esperança, não mais direi: "mulher que eu desejo!", e sim "mãezinha querida!...".

Nossos sentimentos pairarão em esfera mais alta e de seus lábios aprenderei, de novo, as sublimes palavras: "Pai Nosso, que estás no Céu...".

Fitar-lhe-ei nos olhos o celeste horizonte e, trabalhando, enxergarei feliz a senda libertadora...

Ah!... entendereis comigo semelhante ventura?

Creio que sim.

Partirei, desse modo, não para a companhia dos anjos, mas para o convívio dos homens, refazendo meu próprio caminho e regenerando a própria consciência.

E, abraçando-vos com afetuosa gratidão, saúdo em nosso Senhor Jesus Cristo a fé que nos reúne!...

Terra – abençoado mar de lutas...

Carne – navio da salvação!

Instruções psicofônicas

Lar – templo de luz e trabalho...

Mãe – santuário de amor!...

Meus amigos, até amanhã!

Bendito seja Deus.

José Gomes

53
A ORAÇÃO

A nossa reunião da noite de 17 de março de 1955 caracterizou-se pelo esforço assistencial intensivo. Entidades desencarnadas, em lamentável desequilíbrio, reclamaram-nos grande atenção... E, muitas vezes, fomos constrangidos à prece para melhor assimilarmos o auxílio dos nossos benfeitores do Alto.

Finalizando as nossas tarefas, Meimei compareceu, por meio do médium, reconfortando-nos com bondade.

– Meus irmãos – disse a nossa companheira –, todos partilhamos o contentamento da nossa noite de serviço e, quanto nos é possível, estamos colaborando para que fluidos restauradores nos controlem o ambiente, restituindo-lhe o equilíbrio físico, indispensável à luta redentora em que nos situamos. Pedimos mais alguns instantes de silêncio e harmonia mental, pois estamos com a visita do nosso amigo Amaral Ornellas, que algo nos dirá, relativamente à oração.

Retirou-se Meimei e o nosso Irmão mencionado, operando imediata transfiguração do médium, ocupou-lhe os recursos psicofônicos e, de pé, depois de ligeira saudação, pronunciou o significativo soneto que transcrevemos.

A ORAÇÃO

A princípio, é um rumor do coração que clama,

Asa leve a ruflar da alma que anseia e chora...

Depois, é como um círio hesitante da aurora,

Convertendo-se, após, em resplendente chama...

Então, ei-la a vibrar como estrela sonora!

É a prece a refulgir por milagrosa flama,

Glória de quem confia e poder de quem ama,

Por mensagem solar, cindindo os céus afora...

Depois, outro clarão do Além desce e fulgura.

É a resposta divina aos rogos da criatura,

Trazendo paz e amor em fúlgidos rastilhos!...

Instruções psicofônicas

Irmãos, guardai na prece o altar do templo vosso!

Por meio da oração, nós bradamos: "Pai Nosso!".

E por meio dessa luz, Deus responde: "Meus filhos!".

Amaral Omellas

54
Concentração Mental

> Na noite de 24 de março de 1955, recolhemos, de novo, a palavra do nosso amigo espiritual André Luiz, que nos falou com respeito à concentração mental.

Amigos, muito se fala em concentração mental.

Círculos de fé concentram-se em apelos intempestivos ao Cristo.

Concentram-se companheiros de ideal com impecável silêncio exterior, sustentando inadequado alarido interno.

No entanto, é forçoso indagar de nós mesmos que recursos estaremos reunindo.

Simplesmente palavras ou simplesmente súplicas?

Sabemos que o justo requerimento deve apoiar-se no direito justo.

Situando a cabeça entre as mãos, é imprescindível não esquecer que nos cabe centralizar em semelhante atitude os resultados de nossa vida cotidiana, os pequeninos prêmios adquiridos na regeneração de nós mesmos e as vibrações que estamos espalhando ao longo de nosso caminho.

É por isso que oferecemos, despretensiosamente, aos companheiros, alguns lembretes, que consideramos de importância na garantia de nossa concentração espiritual.

1º – Não olvide, fora do santuário de sua fé, o concurso respeitável que compete a você dentro dele.

2º – Preserve seus ouvidos contra as tubas de calúnia ou da maledicência, sabendo que você deve escutar para a construção do bem.

3º – Não empreste seu verbo a palavras indignas, a fim de que as sugestões da Esfera superior lhe encontrem a boca limpa.

4º – Não ceda seus olhos à fixação das faltas alheias, entendendo que você foi chamado a ver para auxiliar.

5º – Cumpra o seu dever cada dia, por mais desagradável ou constrangedor lhe pareça, reconhecendo que a educação não surge sem disciplina.

6º – Aprenda a encontrar tempo para conviver com os bons livros, melhorando os próprios conhecimentos.

7º – Não se entregue à cólera ou ao desânimo, à leviandade ou aos desejos infelizes, para que a sua alma não se converta numa nota desafinada no conjunto harmonioso da oração.

8º – Caminhe no clima do otimismo e da boa vontade para com todos.

9º – Não dependure sua imaginação no cinzento cabide da queixa e nem mentalize o mal de ninguém.

10º – Cultive o auxílio constante e desinteressado aos outros, porque, no esquecimento do próprio "eu", você poderá então concentrar as suas energias mentais na prece, uma vez que, desse modo, o seu pensamento erguer-se-á, vitorioso, para servir em nome de Deus.

ANDRÉ LUIZ

55
LEMBRANDO ALLAN KARDEC

> Na noite de 31 de março de 1955, na parte final de nossas tarefas, a instrumentação mediúnica foi ocupada pelo Espírito Leopoldo Cirne, o grande paladino do Espiritismo no Brasil, que, com fervoroso entusiasmo, exaltou a imorredoura figura do Codificador de nossa Doutrina.
>
> Relembrando Allan Kardec, Cirne convida-nos, a todos nós que integramos a comunidade espírita, ao estudo metódico das obras kardequianas, que sintetizam o roteiro das verdades eternas.

Meus amigos, seja conosco a paz do Senhor Jesus.

Celebrando hoje a coletividade espírita o octogésimo sexto aniversário da desencarnação de Allan Kardec, será justo erguer um pensamento de carinho e gratidão, em homenagem ao Codificador de nossa Doutrina, cujo apostolado nos religou ao Cristianismo simples e puro, descortinando amplos rumos ao progresso da humanidade.

Recordando-lhe a memória, não refletimos apenas no alvião renovador que a sua obra representa na desintegração dos quistos dogmáticos que se haviam formado no mundo pelos absurdos afirmativos da religião e pelos absurdos negativos da ciência, mas também na luz de esperança que o seu ministério vem constituindo, há quase um século, para milhões de almas que vagueavam perdidas nas trevas do materialismo, entre o desânimo e a desesperação.

O Espiritismo marcha vitoriosamente na Terra, traçando normas evolutivas e colaborando, por isso, na edificação do mundo novo; entretanto, nas elevadas realizações com que se exorna, particularmente em nosso vasto setor de ação no Brasil, é imperioso não esquecer o apóstolo que, muitas vezes, entre a hostilidade e a incompreensão, batalhou e sacrificou-se para ser fiel ao seu augusto destino.

Saudando-lhe a missão venerável, pedimos vênia para sugerir, por vosso intermédio, a todos os cultivadores de nosso ideal, localizados em nossas múltiplas arregimentações doutrinárias, a criação de núcleos de estudo das lições basilares da Codificação, com o aproveitamento dos companheiros mais entusiastas, sinceros e responsáveis, em nosso movimento libertador, a fim de que as atividades tumultuárias, seja na composição do proselitismo ou no socorro às necessidades populares, não abafem a voz clara e orientadora do princípio.

Na distância de oitenta e seis quilômetros, além do nascedouro, a fonte estará inevitavelmente contaminada pelos elementos estranhos que se lhe agregam ao corpo móvel.

Não nos descuidemos, assim, da corrente cristalina do manancial de nossas diretrizes, instituindo cursos de análise e meditação dos livros kardequianos para todos os aprendizes de boa vontade.

Estudemos e trabalhemos, amemo-nos e instruamo-nos, para melhorar a nós mesmos e para soerguer a vida que estua, soberana, junto de nós.

A obra gloriosa do Codificador trouxe, como sagrado objetivo, a recuperação do amor e da sabedoria, da fraternidade e da justiça, da ordem e do trabalho, entre os homens, para a redenção do mundo.

Não lhe olvidemos, pois, a salvadora luz e, acendendo-a em nosso próprio espírito, repitamos reconhecidamente:

– Salve, Allan Kardec!

Leopoldo Cirne

56
UM CORAÇÃO RENOVADO

A noite de 7 de abril de 1955 integrou a semana com que a Cristandade rememorou a flagelação de Jesus.

Em nosso Grupo foi mais intensa a movimentação socorrista em favor dos sofredores desencarnados, dentre os quais sobressaíram diversos irmãos hansenianos que, mesmo além da morte, revelavam dolorosas fixações mentais de revolta e amargura. Vários dos médiuns presentes foram veículos deles, convocando-nos ao argumento evangélico e à oração para o alívio que reclamavam.

Concluindo as nossas tarefas, no horário dedicado aos instrutores espirituais, os recursos psicofônicos do médium Xavier foram ocupados pelo poeta Jésus Gonçalves, desencarnado em Pirapitingui, que também passou pela provação da lepra, cuja palavra nos trouxe amoroso esclarecimento.

Amigos.

Sou o vosso irmão Jésus Gonçalves, o leproso de Pirapitingui, a quem o Espiritismo ofereceu nova visão da vida.

Agradeço-vos o concurso fraterno, em socorro dos irmãos hansenianos desencarnados.

Vieram conosco, entre a lamentação e a revolta, perturbados e oprimidos...

No mundo, receberam a chaga física por maldição, quando poderiam utilizá-la como porta salvadora, e, no mundo espiritual, experimentam os efeitos da rebeldia.

Trazem, ainda, na organização perispirítica, os remanescentes da enfermidade que os acabrunhava e, no íntimo, sofrem a indisciplina e a inconformação.

Graças a Jesus, porém, recolheram o benefício da calma, pelas sementes de renovação evangélica espalhadas em vossos estudos de hoje e esperamos possam imprimir, desde agora, novos rumos à própria transformação.

E, agora, peço permissão para orar convosco.

Nesta noite, em que toda a Cristandade se volta, reconhecida, para a memória do Mestre, sentimo-lo igualmente em seu derradeiro sacrifício e, mentalizando-o no madeiro, de alma genuflexa, trazemos a Ele, nosso eterno Amigo e divino Benfeitor, a nossa prece de leproso diante da cruz.

> Em seguida a leve pausa, o Espírito Jésus Gonçalves modificou a inflexão de voz e, erguendo-se para o Alto, orou, em lágrimas, comovedoramente:

Senhor, eu que vivia em vãos clamores,

Vinha de longe em ânsias aguerridas,

Sob a trama infernal de horrendas lidas,

Entre largos caminhos tentadores.

Tronos, glórias, tiaras, esplendores

E cidades famélicas vencidas...

Tudo isso alcancei, de mãos erguidas

Aos gênios tenebrosos e opressores.

Mas, fatigado, enfim, de ser verdugo,

Roguei, chorando, a graça de teu jugo

E enviaste-me a lepra e a solidão.

E, confinado às dores que me deste,

Abriu-se-me a visão à luz celeste,

E achei-te, excelso, no meu coração.

* * *

Hoje, Mestre, ante a cruz em que te apagas,

Na compaixão que ajuda e renuncia,

Não te peço o banquete da alegria,

Embora o doce olhar com que me afagas.

Venho rogar-te a túnica das chagas

Para que eu volte à estrada escura e fria,

Em que os filhos da noite e da agonia

Sofrem ulcerações, bramindo pragas...

Dá-me, de novo, a lepra que redime,

Conservando-me a fé por dom sublime,

Agora que, contente, me prosterno!...

E que eu possa exaltar, por muitas vidas,

Sobre o lenho de angústias e feridas,

O teu reino de amor divino e eterno.

Jésus Gonçalves

57
Confortadora Visita

Na reunião da noite de 14 de abril de 1955, os benfeitores espirituais reservaram grata surpresa ao nosso Grupo.

Trazido por eles, veio até nós o Espírito de nosso velho amigo e confrade Dr. Camilo Rodrigues Chaves, desencarnado em Belo Horizonte em 3 de fevereiro deste ano.

Foi a primeira vez que tivemos o ensejo de observar um companheiro recém-desencarnado comunicar-se no plano material com tanto equilíbrio e segurança.

Dr. Camilo, valoroso lidador do Espiritismo, passou para a Espiritualidade como presidente da União Espírita Mineira, casa-máter de nossa Doutrina, em nosso estado, e, controlando o médium, caracterizou-se plenamente, diante de nós, não só pela mímica com que se fazia sentir, como também pela voz que lhe era peculiar.

A visita do querido companheiro foi realmente confortadora e a sua palestra é de notável conteúdo para a nossa meditação.

Irmãos, o condiscípulo temporariamente afastado da escola vem visitar-vos e agradecer as vibrações encorajadoras e amigas.

A morte foi para mim benigna e rápida, no entanto, a desencarnação mental, propriamente considerada, continua para meu espírito, porque o homem não se desvencilha, de chofre, dos hábitos consuetudinários que lhe marcam a vida.

Os deveres, as afeições, os projetos formados para o futuro, constituem laços ao pensamento.

Ainda assim, tenho comigo a bênção da fé, presidindo-me a gradativa liberação.

Sinto-me, por enquanto, na posição do convalescente inseguro, esperando recuperar-se; contudo, já sei o bastante para afirmar-vos que, neste "outro lado" da vida, a sobrevivência é tal qual pressentimos na Terra, mas nem todas as situações se desdobram aqui, segundo imaginamos.

A experiência continua sem saltos, o homem se prolonga sem alterar-se de improviso, a matéria rarefaz-se e, de algum modo, se modifica, sustentando, porém, as características que lhe são próprias, e o túmulo é apenas transposição de plano em que a nossa consciência encontra a si mesma, sem qualquer fantasia.

Compreendo, assim, agora, com mais clareza, a função do Espiritismo como instituto mundial de educação renovadora das almas, junto ao qual precisamos empenhar interesse e energia.

Não vale tomar a Doutrina a serviço nosso, quando é nossa obrigação viver a serviço dela.

Escravizá-la às vantagens particulares, nos caprichos e paixões da luta terrestre, é acrescer compromissos e débitos, adiando a nossa própria emancipação.

Sem a cápsula física, nossa penetração na verdade é mais íntima e, a rigor, mais verdadeira.

Daí o motivo de nos doerem, fundo, as faltas de omissão, porque todos trazemos para cá a preocupação de não haver feito pelo bem tudo aquilo que poderíamos ter realizado, no transcurso de nossa permanência no corpo.

Não nos iludamos.

Exercer a caridade vulgar, alimentando os famintos e agasalhando os nus, é simples dever nosso, em nossas novas noções de solidariedade e justiça.

E não nos esqueçamos de que a caridade real será sempre iluminar o espírito humano para que o espírito

humano se conheça e ajude a si próprio.

Oxalá possais ver mais longe que nós, os companheiros que vos precederam na grande viagem, atendendo ao serviço primordial que nos desafia!

Sem a assimilação dos nossos postulados, de maneira intensiva, utilizando consciência e coração, raciocínio e sentimento, falecer-nos-á o discernimento, sem discernimento fugiremos à responsabilidade, sem responsabilidade não teremos elevação moral e, sem elevação moral, o fenômeno espírita, não obstante a sua legitimidade, será estagnação no primitivismo.

Procuremos Jesus, afeiçoando-nos a Ele, para que os nossos irmãos de senda evolutiva e de atividade regeneradora o encontrem conosco.

Esta, meus amigos, por agora, é a nossa tarefa maior.

CAMILO RODRIGUES CHAVES

58
HOMENAGEM AO TIRADENTES

Na reunião da noite de 21 de abril de 1955, no horário consagrado às instruções, comunicou-se nosso amigo espiritual José Xavier, recomendando-nos: "Rogamos aos companheiros mais dois ou três minutos de silêncio, em oração, a fim de que o poeta Olavo Bilac, hoje presente às nossas tarefas, algo nos diga, como é de seu desejo, sobre a memória do Tiradentes".

Minutos após, com a transfiguração habitual do médium, assinalamos a presença do grande poeta brasileiro, cuja palavra eloquente se fez ouvida em nosso recinto, no soneto que passamos a transcrever:

TIRADENTES

Freme, na Lampadosa, a turba em longas filas.

Estandartes... Clarins... A praça tumultua...

Tiradentes, o herói, ante os gritos da rua,

Entra guardando a cruz nas magras mãos tranquilas.

— Morra a conjuração da sombra em que te asilas!

— Morte ao traidor do reino!... — É a gentalha que estua.

E ele sobe, sereno, à forca estranha e nua,

Trazendo o sol da fé a inflamar-lhe as pupilas.

Logo após, é o baraço, o extremo desengano...

O mártir pensa em Cristo e envia ao povo insano

Um gesto de piedade e um olhar de amor puro.

Age o carrasco, enfim... O apóstolo balança...

E Tiradentes morre, entre o sonho e a esperança,

Contemplando, enlevado, o Brasil do futuro.

OLAVO BILAC

59
TRIO ESSENCIAL

Na reunião da noite de 28 de abril de 1955, foi Emmanuel quem senhoreou as faculdades psicofônicas do médium, transmitindo-nos instruções acerca da constituição de elementos para o êxito nas tarefas de intercâmbio com o mundo espiritual.

Meus amigos.

O êxito da reunião mediúnica, como corpo de serviço no plano terrestre, exige três elementos essenciais:

O orientador.

O médium.

O assistente.

Nesse conjunto de recursos tríplices, dispomos de comando, obediência e cooperação.

O primeiro é o cérebro que dirige.

O segundo é o coração que sente.

O terceiro é o braço que ajuda.

Sem a segurança e a ponderação do cérebro, seremos arremessados, irremediavelmente, ao desequilíbrio.

Sem o carinho e a receptividade do coração, sofreremos o império do desespero.

Sem o devotamento e a decisão do braço, padeceremos a inércia.

Contudo, para que o trio funcione com eficiência, são necessários três requisitos na máquina de ação em que se expressam:

Confiança.

Boa vontade.

Harmonia.

Harmonia que traduza disciplina, ordem e respeito.

Confiança que signifique fé, otimismo e sinceridade.

Boa vontade que exprima estudo, compreensão e serviço espontâneo ao próximo.

Não podemos esquecer, ainda, que essa máquina deve assentar-se em três alicerces distintos:

Aperfeiçoamento interior.

Oração com vigilância.

Dever bem cumprido.

Obtida a sintonia nesse triângulo de forças, poderá, então, a Espiritualidade superior, por meio de fatores humanos, empreender entre os homens encarnados a realização dos seus três grandes objetivos:

A elevação moral da Ciência.

O esclarecimento da Filosofia.

A liberdade da Religião.

Com a Ciência dignificada, não trairemos no mundo o ritmo do progresso.

Com a Filosofia enobrecida, clarearemos os horizontes da alma.

Com a Religião liberta dos grilhões que lhe encadeiam o espírito glorioso às trevas da discórdia e do fanatismo, poderemos distender o socorro e a beneficência, a fraternidade e a educação.

Reunamo-nos nas bases a que nos referimos, sob a inspiração do Cristo, nosso Mestre e Senhor, e as nossas reuniões mediúnicas serão sempre um santuário de caridade e um celeiro de luz.

EMMANUEL

60
FIXAÇÃO MENTAL

> Em nossas tarefas da noite de 5 de maio de 1955, o iluminado Espírito do Dr. Dias da Cruz voltou a visitar-nos, estudando, para a nossa edificação, o problema da fixação mental depois da morte. Em sua alocução interessante e oportuna, o instrutor oferece-nos grave advertência quanto ao aproveitamento de nossa reencarnação terrestre.

Analisando, superficialmente embora, o problema da fixação mental depois da morte, convém não esquecer que a alma, quando encarnada, permanece munida do equipamento fisiológico que lhe faculta o atrito constante com a natureza exterior.

As reações contínuas, hauridas pelos nervos da organização sensorial, determinando a compulsória movimentação do cérebro, associadas aos múltiplos serviços da alimentação, da higiene e da preservação orgânica, estabelecem todo um conjunto vibratório de emoções e sensações sobre as cordas sensíveis da memória, valendo por impactos diretos da luta evolutiva no espírito em desenvolvimento, obrigando-o a exteriorizar-se para a conquista de experiência.

Esse exercício incessante, enquanto a alma se demora no mundo físico, trabalha o cosmo mental, inclinando-o a buscar no bem o clima da atividade que o investirá na posse dos recursos de elevação.

Como sabemos, todo bem é expansão, crescimento e harmonia e todo mal é condensação, atraso e desequilíbrio.

O bem é a onda permanente da vida a irradiar-se como o Sol e o mal pode ser considerado como sendo essa mesma onda, a enovelar-se sobre si mesma, gerando a treva enquistada.

Ambos personalizam o amor que é libertação e o egoísmo, que é cárcere.

E se a alma não conseguiu desvencilhar-se, enquanto na Terra, das variadas cadeias de egoísmo, como sejam o ódio e a revolta, a perversidade e a delinquência, o fanatismo e a vingança, a paixão e o vício, em se afastando do corpo de carne, pela imposição da morte, assemelha-se a um balão eletromagnético, pejado de sombra e cativo aos processos da vida inferior, a retirar-se dos plexos que lhe garantiam a retenção, através da dupla cadeia de gânglios do grande simpático, projetando-se na esfera espiritual, não com a leveza específica, suscetível de alçá-la a níveis superiores, em circuito aberto, mas sim com a densidade característica da fixação mental a que se afeiçoa, sofrendo em si os choques e entrechoques das suas próprias forças desvairadas, em circuito fechado sobre si mesma, revelando lamentável desequilíbrio que pode perdurar até mesmo por séculos, conforme a concentração do pensamento na desarmonia em que se compraz.

Nesse sentido, podemos simbolizar a vontade como sendo a âncora que retém a embarcação do espírito em seu clima ideal.

É necessário, assim, consagrar nossa vida ao bem completo, a fim de que estejamos de acordo com a Lei divina, escalando, ao seu influxo, os acumes da Vida superior.

E é por isso que, encarecendo o valor da reencarnação, como preciosa oportunidade de progresso, lembraremos aqui as palavras do Senhor, no versículo 35, do capítulo 12, no Evangelho do apóstolo João: *"Avançai enquanto tendes luz para que as trevas não vos alcancem, porque todo aquele que caminha nas trevas, marchará fatalmente sob o nevoeiro, perdendo o próprio rumo".*

Francisco de Menezes Dias da Cruz

61
JUSTIÇA

Em nossa reunião da noite de 12 de maio de 1955, conduzido por nossos benfeitores espirituais, comunicou-se no Grupo o irmão que ficamos conhecendo por José Augusto.

Médico parricida que foi na Terra, a sua história comovente exalta a justiça e nos convida à reflexão.

Amigos, frequentando-vos o círculo de preces, ofereço-vos meu caso, como elemento de exaltação da justiça.

Inútil dizer que não passo de pobre sofredor desencarnado, procurando a paz consigo mesmo.

Antigamente eu era um médico ocioso e, por isso, infiel ao mandato que o mundo me conferira.

Filho de pais endinheirados, muito cedo perdi minha mãe, que a morte nos furtara ao convívio, passando, assim, a condensar todas as atenções do meu progenitor, que se desvelava por ver-me feliz.

Em razão disso, ainda depois de meu casamento, residíamos juntos. E ele, devotado, embalou-me os três filhinhos no regaço afetuoso.

Vivíamos em paz, entretanto, a preguiça conduziu-me ao hábito do jogo, em noitadas alegres.

E porque me fizera sanguessuga da fortuna paterna, dissipando-a, deixei que a ideia do parricídio me aflorasse à cabeça.

Meu pai era um velho hipertenso e a morte dele investir-me-ia na posse de volumosa herança.

Alimentei, assim, o propósito de assassiná-lo, discretamente.

Sem qualquer escrúpulo moral, tocaiei a oportunidade, como a fera vigia a ocasião de atirar-se sobre a presa.

Certa manhã, o velhinho caiu desamparadamente no chão, quando tentava consertar nosso grande relógio de parede, ferindo-se num dos pulsos.

Por muitos dias, ataduras marcaram-lhe o braço escoriado e, dando pasto à crueldade, considerei que o ensejo havia surgido.

Num momento em que se queixava de vertigens, não titubeei.

Apliquei-lhe um soporífero e, depois de longo entendimento sobre saúde, conduzi-o ao banheiro para a sangria que o seu estado orgânico recomendava.

O doente obedeceu sem qualquer relutância.

Esperei que os seus nervos se amolgassem e, assim que o vi amolentado, abri-lhe as veias.

Meu pai, contudo, lendo-me a perversidade no olhar, embora semivencido pela ação do anestésico, ainda encontrou forças para dizer aos meus ouvidos:

— Não me mates, meu filho!...

Não obstante excitado, na condição de médico, preparei-lhe o cadáver, recolocando as ataduras.

O remorso, porém, passou a subjugar-me.

Não inspirei a mínima desconfiança aos que me cercavam, quanto ao meu inqualificável delito, no entanto, minha vida modificou-se.

Reconhecendo que o criminoso vive preso mentalmente ao local do crime, senti-me algemado ao banheiro fatídico.

Obsidiado por aquela dependência de nossa casa, à maneira de louco, dias e noites, agarrava-me a ela, ouvindo meu pai, rogando penosamente:

— Não me mates, meu filho!...

Anotando-me a demência, por dois anos consecutivos, minha família recorreu, debalde, a colegas distintos, a orações, a socorros morais e físicos.

E, justamente ao se decidir o inventário, que me entregaria o espólio valioso, eis que, a banhar-me, sofro a ruptura do aneurisma que me impôs a desencarnação.

Qual acontecera a meu pai, também eu me despedia do corpo, num banho sanguinolento.

O remorso, martelando-me o crânio, percutira dolorosamente sobre o coração, abreviando-me a partida, sem que eu pudesse tocar a riqueza obtida por minha insânia perversa.

Concluí que disputara simplesmente o inferno emoldurado de ouro, porque não posso descrever-vos o tormento a que me submeti sem remédio.

Narrar-vos minha desdita é impraticável na palavra humana... Todas as grandes comoções jazem imanifestas no espírito, porque a palavra na Terra é apenas um símbolo limitado que nunca define os grandes estados do coração.

Emaranhei-me no tempo sem saber calculá-lo.

Continuava eu no banheiro sanguinolento ou ele perseverava dentro de mim?!... Formulando semelhante pergunta a mim mesmo, prosseguia fitando meu pai na água vermelha e ouvindo-lhe a súplica inolvidável:

— Não me mates, meu filho!...

Em vão, procurei fugir de mim mesmo, aniquilar-me, morrer de novo ou asilar-me no inferno idealizado pela Teologia católica, porquanto as cinzas inexistentes do nada ou as chamas exteriores seriam bênçãos, confrontadas com o martírio que me vergastava a consciência.

Minha própria imaginação atormentada era meu cárcere.

E, desse ergástulo, meu pensamento extravasava, dando forma às criações de meu remorso em padecimento remissor...

Um momento apareceu em que mãos piedosas me trouxeram à oração.

Há quase três anos partilho-vos as preces e estudos e ouço-vos a palavra de consolação e socorro, junto aos aflitos e desesperados, delinquentes e suicidas, loucos e enfermos, obsidiados e obsessores, que saíram da carne pela porta falsa do desequilíbrio e da ilusão e de cada apontamento regenerador retirei os fios com que teci a minha túnica de apaziguamento e renovação.

Instruções psicofônicas

Tenho aprendido a humilhar-me e a esperar...

Procuro converter o arrependimento tardio em oração oportuna...

E quando algo pude rogar aos nossos amigos, pedi a felicidade de rever minha vítima, a fim de mendigar-lhe perdão.

Sempre supus que meu progenitor me odiasse e que o pensamento dele me perseguisse, reclamando punição e vingança...

Entretanto, nossos instrutores fizeram-me reconhecer que eu não era castigado senão por mim mesmo, que a imagem de meu pai agonizante no banheiro terrível era a fixação de minha alma no quadro íntimo que o meu pensamento vitalizava em remorso constante...

Amparado pelos amoráveis benfeitores de nossa vida, fui reconduzido à presença daquele para quem eu fora objeto de imensa adoração!

Oh! mistérios divinos da Sabedoria celestial!...

Penetramos vasto gabinete de um gerente de indústria e, ali, depois de tantos anos, encontrei meu pai em posição semelhante àquela em que nos despedimos...

Era o mesmo homem na madureza física, aureolada agora pela experiência do trabalho incessante a lhe brilhar os olhos lúcidos! E, acima da fronte encanecida, destacava-se antigo retrato a óleo – o meu retrato.

Meu velho progenitor havia renascido da união conjugal de um dos meus filhos que, sem fortuna material, já que eu fora substituído em casa por um homem tão viciado e devasso quanto eu havia sido, aprendera na rude escola do esforço pessoal a conviver com o trabalho digno...

Na ordem terrena, transferira-se meu pai à condição de meu neto...

Num relance, apreendi-lhe os pensamentos.

Sentia por mim carinhosa atração e inexprimível amor.

Desejaria ter consigo o avô que supunha desconhecer...

Afeiçoara-se-me à efígie e respeitava-me o nome...

Orava por minha paz no mundo das almas e envolvia-me a presença com irradiações de infinita ternura...

Ah! o pranto jorrou-me em catadupas de alegria e gratidão!...

Quis atirar-me em seus braços e renascer na fonte consanguínea que lhe fecunda o campo familiar!...

Essa ventura seria, porém, agora, demasiado sublime para quem se fez tão infortunado, mas ser-lhe-ei servo fiel.

Ressurgirei no mundo entre aqueles que lhe obedecem à orientação, poderei engraxar-lhe os sapatos, preparar-lhe a mesa e chamá-lo "meu senhor"...

Isso constituirá, graças a Deus, a minha felicidade maior...

Amigos, que desfrutais, ainda na carne, o tesouro divino do conhecimento com Jesus, considerai a riqueza que vos felicita o caminho!... E, pelo muito que convosco tenho recebido de nossos benfeitores, peço ao Pai celestial nos proteja e abençoe.

José Augusto

62
A TERAPÊUTICA DA PRECE

Em nossa reunião da noite de 19 de maio de 1955, sentimo-nos na condição de alunos no fim de aula valiosa. É que o preclaro Instrutor espiritual Dr. Dias da Cruz senhoreou novamente os recursos psicofônicos do médium, terminando o estudo que realizou, em cinco reuniões alternadas do Grupo,[19] acerca da obsessão, salientando a eficácia da prece no tratamento dos alienados mentais, com a voz professoral que lhe conhecemos.

Visitando-nos em cinco noites diferentes, o Dr. Dias da Cruz fez-se extremamente querido de todos os componentes de nossa agremiação, conquistando-nos respeitoso carinho.

É, portanto, com a reverência afetuosa que lhe devemos, que convidamos o leitor a meditar-lhe as cinco mensagens constantes deste livro, das quais retiramos profundo consolo e grandes ensinamentos.

No tratamento da obsessão, é necessário salientar a terapêutica da prece como elemento valioso de introdução à cura.

---

[19] Nota do organizador: O estudo a que nos reportamos começa com a mensagem intitulada "Alergia e Obsessão", constante deste livro.

Não ignoramos que a psiquiatria, nova ciência do mundo médico, apesar de teorizada nos hospícios, somente corporificou-se na prática que a define, nos campos de guerra do século presente.

Chamados ao pronto-socorro das retaguardas, desde o conflito russo-japonês, os psiquiatras esbarraram com numerosos problemas de neurose traumática, identificando as mais estranhas moléstias da imaginação e usando a palavra de entendimento e simpatia como recurso psicoterápico de incalculável importância.

Por isso, dispomos, atualmente, na moderna psicanálise, da psicologia do desabafo como medicação regeneradora.

A confissão do paciente vale por expulsão de resíduos tóxicos da vida mental e o conselho do especialista idôneo age por doação de novas formas-pensamento, no amparo ao cérebro enfermiço.

Invocamos semelhante apontamento para configurar na luta humana verdadeiro combate evolutivo em que milhares de almas caem diariamente nos meandros das próprias complicações emocionais, entrando, sem perceber, na faixa das forças inferiores que, a surdirem do nosso passado, nos espreitam e geram em nosso prejuízo dolorosos processos de obsessão, retardando-nos o progresso, por intermédio dos pensamentos desequilibrados com que se justapõem à nossa vida íntima.

É por essa razão que vemos, tanto nos círculos terrestres como nas regiões inferiores da vida espiritual, as enfermidades-alucinações que se alongam na mente, ao comando magnético dos poderes da sombra, com os quais estejamos em sintonia.

E a técnica das inteligências que nos exploram o patrimônio mento-psíquico baseia-se, de maneira invariável, na comunhão telepática, pela qual implantam naqueles que lhes acedem ao domínio as criações mentais perturbadoras, capazes de lhes assegurar o continuísmo da vampirização.

Atentos, assim, à psicogênese desses casos de desarmonia espiritual, quase sempre formados pela influenciação consciente ou inconsciente das entidades infelizes, desencarnadas ou encarnadas, que se nos associam à experiência cotidiana, recorramos à prece como elemento de ligação com os planos superiores, exorando o amparo dos Mensageiros divinos, cujo pensamento sublimado pode criar, de improviso, novos motivos mentais em nosso favor ou em favor daqueles que nos propomos socorrer.

Não nos esqueçamos de que possuímos na oração a nossa mais alta fonte de poder, em razão de facilitar-nos o acesso ao Poder maior da Vida.

Assim sendo, em qualquer emergência na tarefa assistencial, em nosso benefício ou em benefício dos outros, não olvidemos o valor da prece em terapia, recordando a sábia conceituação do apóstolo Tiago, no versículo 16 do capítulo 5, em sua Epístola Universal: *"Orai uns pelos outros, a fim de que sareis, porque a prece da alma justa muito pode em seus efeitos".*

FRANCISCO DE MENEZES DIAS DA CRUZ

63
ORANDO E VIGIANDO

Na fase de tempo consagrada às instruções, em nossa reunião da noite de 26 de maio de 1955, a transfiguração do médium era mais sensível.

A breves momentos, soou, reconfortante e bem timbrada, a palavra do mentor que nos visitava. Esse amigo era o Dr. Guillon Ribeiro, aquele digno Orientador de nossa causa, no Brasil, que, por muitos anos, foi o venerável presidente da Federação Espírita Brasileira, e cujo devotamento à nossa Doutrina prescinde das nossas referências.

Sua palavra, na rápida passagem por nosso recinto, constitui elevada exortação ao desempenho dos deveres cristãos que nos cabem no Espiritismo, compelindo-nos a pensar mais detidamente na extensão de nossos compromissos.

Esclarecemos que esta é a primeira comunicação do Dr. Guillon Ribeiro, quer psicográfica ou psicofonicamente, por meio das faculdades do médium Xavier.

Grande foi, portanto, a nossa alegria em lhe recebendo a mensagem direta e agradecemos reconhecidamente a Jesus semelhante contato.

Meus irmãos, glorificada seja a vontade de nosso Pai celestial.

Humilde companheiro vosso, incorporado à caravana dos obreiros de boa vontade, não por méritos que nos falham, mas sim por havermos recebido "acréscimo de misericórdia" que a infinita bondade do Senhor jamais recusa ao espírito desperto para as necessidades da própria regeneração, associamo-nos, hoje, às vossas orações e tarefas, deprecando as bênçãos de Jesus em nosso benefício, a fim de que não nos faleçam a energia e o bom ânimo, na empresa de socorro aos nossos irmãos que se brutalizaram depois da morte ou que, além dela, se fizeram infortunados seareiros do egoísmo e da crueldade, da violência e do ódio.

Ah! meus amigos, quantos legionários da nossa grande causa, para gáudio da sombra geradora da discórdia, na hora grave que atravessamos, adormecem à margem dos compromissos assumidos, embriagados no ópio da indiferença, cegos para a missão do Espiritismo como o Paracleto que nos foi prometido pelo Cristo de Deus, surdos para com a realidade que lhes brada emocionantes apelos ao trabalho do Evangelho, ou hipnotizados nas contendas antifraternas em que malbaratam os recursos que o Senhor nos empresta, convertendo-se, levianamente, na instrumentalidade viva da negação e das trevas!

Crendo brunir a elucidação doutrinária, traçam inextricáveis labirintos para as almas ainda inseguras de si e que se nos abeiram do manancial de consolações preciosas; e, supondo cultuar a verdade, apenas extravagam na retórica infeliz de quantos se anulam sob os narcóticos da vaidade, transformando a água viva da fé que lhes jorrava dos corações em fel envenenado de loucura e perturbação para si mesmos ou caindo sob os golpes desapiedados de nossos infelizes companheiros do passado, a nos acenarem de outras reencarnações e de outras eras.

Eis por que rogamos ao Senhor nos conserve naquela oração e naquela vigilância que exprimem o trabalho digno e a ardente caridade com que devemos honrar o altar de luta em que fomos chamados a servi-lo.

Crede que o Espiritismo é o restaurador do Cristianismo em sua primitiva e gloriosa pureza e que os espíritas sinceros são, por excelência, na atualidade, os cristãos mais diretamente responsáveis pela substancialização dos ensinamentos que o nosso divino Mestre legou à humanidade.

Procuremos, por isso, o nosso lugar de aprendizes e servidores e, compreendendo o valor da oportunidade e do tempo, ofereçamos nossas vidas à cristianização das consciências, começando por nós mesmos, suplicando ao pulcro Espírito de nossa Mãe Santíssima nos ilumine a estrada para o aprisco do divino Pastor.

Acordados, assim, para as obrigações a que nos entrosamos na obra de luz e amor, louvemos a bondade de nosso Pai celestial para sempre.

GUILLON RIBEIRO

64
O Cristo está no leme

A reunião da noite de 2 de junho de 1955 reservou-nos grande surpresa.

Por ausência do companheiro encarregado do serviço de gravação, ocupamo-nos pessoalmente desse mister. E, enquanto atendíamos a semelhante tarefa, notamos que a organização mediúnica denotava expressiva alteração.

Intuitivamente assinalamos que o nosso Grupo estava sendo visitado por mensageiro espiritual de elevada hierarquia.

E não nos enganávamos.

Colocando-se de pé, o instrutor passou à palavra.

Dicção educada. Voz clara e bela.

Em sucinto estudo, exalça a figura excelsa de Jesus, à frente do Espiritismo.

Na saudação final, identifica-se. Tínhamos conosco a presença de Bittencourt Sampaio, cuja sublime envergadura espiritual escapa à exiguidade de nossa conceituação.

Despede-se o Orientador e encerramos a reunião.

Movimentamo-nos para estudar a mensagem, ouvindo-a, de novo; no entanto, com o maior desapontamento, notamos que a gravadora não funcionara.

Perdêramos a palavra do grande Instrutor.

Comentando a alocução ouvida, a maior parte dos companheiros afasta-se do recinto.

Nós, porém, um conjunto de seis amigos, permanecemos na sede do Grupo mais tempo, examinando a máquina e lamentando o acontecido.

Uma hora decorrera sobre o encerramento de nossas tarefas e preparávamos a retirada, quando o médium anunciou estar ouvindo de nosso amigo espiritual José Xavier o seguinte aviso: "Não se preocupem. Meimei e eu gravamos a palavra do Benfeitor que esteve entre nós, de passagem. Reúnam-se em silêncio e o médium poderá ouvi-la de nossa máquina, fixando-a no papel".

Sentamo-nos ao redor da mesa, com o material de escrita indispensável.

Depois de nossa prece, o Chico esclarece estar vendo uma pequena gravadora junto de nós, manejada pelos amigos espirituais e, dizendo escutar a mensagem, põe-se a escrever moderadamente, evidenciando a audição em curso.

Entretanto, o médium escreve e faz a pontuação ao mesmo tempo.

Ajudando-o a segurar o papel, conjeturamos mentalmente: "Ora, se o Chico está ouvindo a mensagem gravada, como pode fazer a pontuação? Estamos diante de um ditado ou de psicografia comum?".

No instante exato em que formulamos a indagação em pensamento, sem externá-la, o médium interrompe a grafia por momentos e explica-nos:

— Meu amigo, o José[20] recomenda-me informar a você que, enquanto Meimei está comandando a gravadora, ele está ditando a pontuação para melhor segurança do nosso serviço.

Extremamente surpreendido, guardamos o esclarecimento.

Terminada a escrita, o médium leu quanto ouvira.

---

[20] Nota do organizador: Referência ao nosso amigo espiritual José Xavier.

Instruções psicofônicas

Notamos com admiração que o papel apresentava a mensagem que ouvíramos de Bittencourt Sampaio.

Relatada a ocorrência que julgamos seja nossa obrigação consignar nos apontamentos sob a nossa responsabilidade, para os estudiosos sinceros de nossa Doutrina, passamos à comunicação do venerável Orientador.

Meus amigos, que o amparo de nossa Mãe santíssima nos agasalhe e ilumine os corações.

Cristo, no centro da edificação espírita, é o tema básico para quantos esposaram em nossa Doutrina o ideal de uma vida mais pura e mais ampla.

Confrange a quantos já descerraram os olhos para a verdade eterna, além da morte, o culto da irresponsabilidade a que muitos de nossos companheiros se devotam, seja na dúvida sistemática ou na acomodação com os processos inferiores da experiência humana, quando o Espiritismo traduz retorno ao Cristianismo puro e atuante, presidindo à renovação da Terra.

Com todo o nosso respeito à pesquisa enobrecedora, cremos seja agora obsoleta qualquer indagação acerca da sobrevivência da alma por parte daqueles que já receberam o conhecimento doutrinário, porque semelhante conhecimento é precisamente o selo sagrado de nossos compromissos diante do Senhor.

Há mais de dez milênios, nos templos do Alto Egito e da antiga Etiópia, os fenômenos mediúnicos eram simples e correntes; entre assírios e caldeus de épocas remotíssimas, praticava-se a desobsessão com alicerces no esclarecimento dos Espíritos infelizes; precedendo a antiguidade clássica, Zoroastro, na Pérsia, recebia a visitação de mensageiros celestiais e, também antes da era cristã, na velha China, a mediunidade era desenvolvida com a colaboração da música e da prece.

Mas o intercâmbio com os desencarnados, excetuando-se os elevados ensinamentos nos santuários iniciáticos, guardava a função oracular do magismo, entremeando-se nos problemas corriqueiros da vida material, fosse entre guerreiros e filósofos, mulheres e comerciantes, senhores e escravos, nobres e plebeus.

É que a mente do povo em Tebas e Babilônia, Persépolis e Nanquim, não contava com o esplendor da Estrela Magna – nosso Senhor Jesus Cristo –, cujo reino de amor vem sendo levantado entre os homens.

Na atualidade, porém, o Evangelho brilha na cultura mundial, ao alcance de todas as consciências, cabendo-nos simplesmente o dever de anexá-lo à própria vida.

Espíritas! Com Allan Kardec, retomastes o facho resplendente da Boa-Nova, que jazia eclipsado nas sombras da Idade Média!

Compreendamos nossa missão de obreiros da luz, cooperando com o Senhor na construção do mundo novo!...

Não ignorais que a civilização de hoje é um grande barco sob a tempestade... Mas, enquanto mastros tombam oscilantes e estalam vigas mestras, aos gritos da equipagem desarvorada, ante a metralha que incendeia a noite moral do mundo, Cristo está no leme!

Servindo-o, pois, infatigavelmente, repitamos, confortados e felizes:

"Cristo ontem, Cristo hoje, Cristo amanhã!...

Louvado seja o Cristo de Deus!".

BITTENCOURT SAMPAIO

65
Oração

A reunião da noite de 9 de junho de 1955 revestiu-se para nós de grande significação.

É que os benfeitores espirituais designaram-na como sendo a última para a recepção das mensagens consoladoras e educativas que enfeixam este livro.

Havia, portanto, grande expectativa em nossa pequena assembleia de companheiros encarnados.

Nossas tarefas habituais transcorreram ativas. Grande número de entidades sofredoras, compelindo-nos à interferência em casos tristes e dolorosos.

No encerramento, foi Emmanuel, o nosso amigo de sempre, quem veio até nós, por meio da palavra direta.

Colocou o médium de pé e, com a expressão que lhe é própria, elevou a Jesus vibrante prece.

Estávamos todos imensamente comovidos.

Chegávamos ao término de 65 noites de abençoada atividade espiritual e com as palavras do querido orientador, o nosso primeiro livro de instruções psicofônicas estava sendo concluído...

Transcrevendo aqui a oração do nosso mentor infatigável, rogamos ao Divino Mestre a felicidade de continuar em nossa tarefa para diante. E, porque nos falta o justo vocabulário para expressar a nossa profunda gratidão aos instrutores e amigos espirituais que nos visitaram, por meio destas páginas, finalizando as presentes anotações, oferecemos a eles os nossos corações reconhecidos.

Senhor Jesus!

Agradecendo-te o amparo de todos os dias, eis-nos aqui, de espírito, ainda em súplica, no campo em que nos situaste.

Ensina-nos a procurar na vida eterna a beleza e o ensinamento da temporária vida humana!

Apesar de amadurecidos para o conhecimento, muitas vezes somos crianças pelo coração.

Ágeis no raciocínio, somos tardios no sentimento.

Em muitas ocasiões, dirigimo-nos à tua infinita bondade, sem saber o que desejamos.

Não nos deixes, assim, em nossas próprias fraquezas!

Nos dias de sombra, sê nossa luz!

Nas horas de incerteza, sê nosso apoio e segurança!

Mestre Divino!

Guia-nos o passo na senda reta.

Dá-nos consciência da responsabilidade com que nos enriqueces o destino.

Auxilia-nos para que o suor do trabalho nos alimente o lume da fé.

Não admitas que o verme do desalento nos corroa o ideal e ajuda-nos para que a ventania da perturbação não nos inutilize a sementeira.

Educa-nos para que possamos converter os detritos do temporal em adubo que nos favoreça a tarefa.

Ao redor da leira que nos confiaste, rondam aves de rapina, tentando instilar-nos desânimo e discórdia...

Não longe de nós, flores envenenadas deitam capitoso aroma, convidando-nos ao repouso inútil, e aves canoras da fantasia, por meio de melodias fascinantes, concitam-nos a ruinosa distração...

Fortalece-nos a vigilância para que não venhamos a cair.

Dá-nos coragem para vencer a hesitação e o erro, a sombra e a tentação que nascem de nós.

Faze-nos compreender os tesouros do tempo, a fim de que possamos multiplicar os créditos de conhecimento e de amor que nos emprestaste.

Divino Amigo!

Sustenta-nos as mãos no arado de nossos compromissos, na verdade e no bem, e não permitas, em tua misericórdia, que os nossos olhos se voltem para trás.

Que a tua vontade, Senhor, seja a nossa vontade, agora e para sempre.

Assim seja.

EMMANUEL

ADENDA

Solicitamos a permissão do leitor para anexar ao presente livro os dois primeiros boletins anuais de serviço espiritual no Grupo Meimei, referentes aos períodos de nossas atividades, de 31 de julho de 1952 a 30 de julho de 1954, exclusivamente à guisa de estudo.

Os informes acerca do aproveitamento das entidades sofredoras que passaram por nossa agremiação procedem de esclarecimentos dos nossos orientadores desencarnados e, mais uma vez, desejamos patentear que, alinhando números no relato de nossas tarefas, não alimentamos a pretensão da estatística em obras do espírito, mas sim o propósito de estudo e observação, no serviço de socorro e advertência a nós próprios, mesmo porque, em nossos contatos com os irmãos desencarnados, bem reconhecemos a nossa posição de almas endividadas, esforçando-se pela própria recuperação "no vale escuro da sombra e da morte".

* * *

Boletim de Serviço Espiritual

GRUPO ESPÍRITA MEIMEI – I Ano

31-7-1952 a 30-7-1953

O Grupo realizou, durante o ano, 53 sessões práticas, com a seguinte cota de serviço:

288 manifestações psicofônicas de Espíritos perturbados e sofredores, incluindo 251 entidades e 37 reincidências.

Os 251 companheiros menos felizes que compareceram às reuniões estão assim subdivididos:

77 irmãos ligados ao pretérito próximo e remoto de componentes da Instituição.

126 necessitados de assistência moral;

48 recém-desencarnados.

Os comunicantes foram catalogados na ordem seguinte:

7 casos de licantropia;

92 casos de alienação mental;

48 casos de choques por desencarnação;

104 casos de perturbações diversas.

De conformidade com elucidações dos mentores espirituais do Grupo, o aproveitamento das 251 entidades, que receberam assistência no transcurso de 1952-1953, foi o seguinte:

11 irmãos foram perfeitamente reajustados e renovados para o bem;

90 companheiros retiraram-se esclarecidos e melhorados;

52 entidades apresentaram aproveitamento reduzido;

98 comunicantes foram considerados, por enquanto, impassíveis e impenitentes.

Instruções psicofônicas

No decurso das sessões, verificaram-se 178 manifestações psicofônicas de amigos e benfeitores espirituais, para serviços de cooperação e diretrizes, assim discriminadas:

53 comunicações instrutivas na abertura das tarefas;

40 mensagens, totalizando avisos e preces;

32 interferências para concurso direto na solução de problemas difíceis no esclarecimento a companheiros necessitados;

53 preleções educativas no encerramento das reuniões.

Sintetizando-nos o programa de serviço, aqui transcrevemos opiniões de dois dos amigos espirituais que nos assistem, por eles destinadas ao presente Boletim:

> Um grupo para sessões de caridade reclama trabalhadores devotados à divina virtude para a produção de amor e luz nos Espíritos necessitados. A caridade de quem ensina é a garantia daquele que aprende. A caridade nos pensamentos, palavras e ações, é o processo de renovar nossas almas. Onde há caridade não há lugar para a mistificação, porque tudo resulta em aprendizado, cooperação, trabalho e harmonia. Organizemos núcleos de assistência cristã às mentes enfermiças da Terra e do Além, mas não nos esqueçamos de que só pela caridade fraternal acenderemos bastante luz no coração para que o nosso agrupamento seja uma luz, brilhando na vida espiritual. – MEIMEI

> Em verdade, não podemos prescindir do Espiritismo prático para a cura de nossos males, mas para que as nossas reuniões de contato com o Plano Espiritual frutifiquem, vitoriosas, em bênçãos de saúde e alegria, precisamos trazer conosco o Espiritismo do Cristo, devidamente praticado. – JOSÉ XAVIER

Pedro Leopoldo (MG), 1º de agosto de 1953.

Boletim de Serviço Espiritual

GRUPO ESPÍRITA MEIMEI – II Ano

31-7-53 a 30-7-54

O Grupo realizou, durante o ano, 51 sessões práticas, com a seguinte cota de serviço:

384 manifestações psicofônicas de Espíritos perturbados e sofredores, totalizando 364 entidades e 20 reincidências.

Os 364 companheiros menos felizes que compareceram às reuniões estão assim subdivididos:

66 irmãos ligados ao pretérito remoto e próximo de componentes da agremiação;

271 necessitados de assistência moral;

27 recém-desencarnados.

Os comunicantes foram catalogados na ordem seguinte:

16 casos de licantropia e suicídio;

176 casos de alienação mental;

27 casos de choques por desencarnação;

145 casos de perturbações diversas.

De conformidade com os esclarecimentos dos orientadores espirituais do Grupo, o aproveitamento das 364 entidades que recolheram assistência, no transcurso de 1953-1954, foi o seguinte:

18 irmãos foram perfeitamente reajustados e renovados para o bem, salientando-se que quatro deles passaram a cooperar nos serviços da instituição;

59 companheiros retiraram-se esclarecidos e melhorados.

102 entidades apresentaram aproveitamento reduzido;

185 comunicantes foram considerados, por enquanto, impassíveis e indiferentes.

No decurso das sessões, verificaram-se 209 manifestações psicofônicas de amigos e benfeitores espirituais, para serviços de cooperação e diretrizes, assim discriminadas:

51 comunicações instrutivas na abertura das tarefas;

46 mensagens, incluindo avisos e preces;

61 interferências para concurso direto na solução de problemas difíceis quanto ao esclarecimento a companheiros necessitados;

51 preleções educativas no encerramento das reuniões.

Com alusão ao programa de serviço do Grupo, aqui transcrevemos pareceres de dois dos nossos mentores espirituais, pronunciados por eles para a confecção do presente Boletim:

> Cada agrupamento espírita deve possuir o seu núcleo de amparo cristão aos companheiros desencarnados, em dificuldades na sombra, com reduzido número de irmãos responsáveis, que lhes possam lenir o sofrimento e sanar os desequilíbrios morais, usando os valores da prece e da palavra fraternal.
>
> Revelando o roteiro do bem, nele acertamos os próprios passos; consolando, somos por nossa vez consolados; ajudando, recebemos auxílio, e, acendendo a luz da oração para os que padecem,

transviados na ignorância e na dor, temos nosso caminho iluminado para a obra de redenção que nos cabe realizar em nós mesmos. – Francisco de Menezes Dias da Cruz

Ainda que os corações de tua estrada se mostrem marmorizados nas trevas da negação e da intemperança mental, oferece-lhes o teu quinhão de socorro e boa vontade.

O trigo retido nos túmulos faraônicos, durante milênios, trazido de novo ao seio da Terra, ainda hoje produz e enriquece o celeiro.

Um dia, toda semente de amor germinará em bênçãos de luz. – Emmanuel

Pedro Leopoldo (MG), 1º de agosto de 1954.

NÓTULAS DO ORGANIZADOR

Apontamentos do organizador alusivos aos Espíritos cujas manifestações psicofônicas estão enfeixadas neste livro:

ALBERTO (Dr.) – Médico pernambucano, que residiu em Belo Horizonte. Desencarnou em 1951. 127

ÁLVARO REIS – Pastor da Igreja Presbiteriana, no Brasil. Desencarnado na Capital Federal, à Rua Silva Jardim. 25

AMARAL ORNELLAS (Adolfo Oscar do) – Médium, dramaturgo e poeta de grande merecimento. Desencarnou em 1923. 273

ANNA PRADO – Médium paraense, muito conhecida no Brasil por suas faculdades de materialização. Desencarnou no estado do Pará. 257

ANDRÉ LUIZ – Médico desencarnado, autor de vários livros de Espiritismo Cristão. 51; 239; 277

ARGEU PINTO DOS SANTOS – Médium receitista, espírita devotado. Fundador do Centro Espírita Fé, Esperança e Caridade, em Cachoeiro do Itapemirim, estado do Espírito Santo. Desencarnou em 1908. 81

ÁULUS – Instrutor espiritual, citado por André Luiz em seu livro *Nos domínios da mediunidade*. 217

AUTA DE SOUZA – Admirada poetisa potiguar. Desencarnou em 1901. . 232

BEZERRA DE MENEZES (Dr. Adolfo) – Presidente da FEB, em 1889 e de 1895 a 1900. Desencarnou em 1900. 17

BITTENCOURT SAMPAIO (Dr. Francisco Leite) – Poeta, escritor, médium receitista e abnegado paladino do Espiritismo no Brasil. Desencarnou em 1895. 317

CALDERARO – Instrutor espiritual, citado por André Luiz em seu livro *No mundo maior*. 253

CAMILO RODRIGUES CHAVES – Professor, escritor, historiador, espírita militante, presidente da União Espírita Mineira, de Belo Horizonte, de 1946 até a data de sua desencarnação. Desencarnou em 1955. 289

CÁRMEN CINIRA (Pseudônimo de Cinira do Carmo Bordini Cardoso) – Poetisa de grande sensibilidade. Desencarnou em 1933. 211

CÉLIA XAVIER – Jovem espírita militante. Desencarnada em 1943. 137

CÍCERO PEREIRA (Prof.) – Presidente da União Espírita Mineira, em Belo Horizonte, de 1936 a 1937 Desencarnou em 1948. 45

CORNÉLIO MYLWARD – Médico desencarnado e devotado Benfeitor espiritual. Desencarnou no estado de Minas Gerais. 69

CRUZ E SOUZA (João) – Poeta catarinense, autor de vários livros. Desencarnou em Minas Gerais. 241

C. T. – Sacerdote categorizado da Igreja Católica, cuja identidade é necessariamente suprimida. 197

DALVA DE ASSIS – Diretora espiritual do Grupo Dalva de Assis, em Belo Horizonte. Desencarnou no estado de Minas Gerais. 97

DIAS DA CRUZ (Dr. Francisco de Menezes) – Médico, presidente da FEB, de 1889 a 1895. Desencarnou em 1937. .... 115; 183; 261; 299; 309

EFIGÊNIO S. VÍTOR (Dr.) – Espírita militante e sumamente devotado à causa do Evangelho. Sociofundador do Centro Espírita Tiago Maior e da Sociedade de Amparo à Pobreza, de Belo Horizonte. Desencarnou em 1953. ....169; 229

EMMANUEL – Instrutor espiritual, autor de vários livros de Espiritismo Cristão. 33; 41; 75; 123; 221; 295; 321

ERNESTO SENRA (Dr. Ernesto Aquiles de Medeiros Senra) – Médico e espírita militante. Presidiu à União Espírita Mineira, de Belo Horizonte, no período 1928-1929. Desencarnou em 1932). 179

EUSTÁQUIO (Padre) – Sacerdote católico, extremamente devotado aos enfermos, que podemos considerar como tendo sido grande médium curador. Desencarnou em 1947. 321

F. – Amigo espiritual cuja identificação foi necessariamente suprimida. 85

GEMINIANO BRAZIL DE OLIVEIRA (Dr.) – Advogado, espírita militante, com grandes serviços prestados à causa do Espiritismo, no Brasil. Desencarnou em 1904. 119

GUILLON RIBEIRO (Dr. Luiz Olímpio) – Presidente da FEB, em 1920 e 1921 e de 1930 até a data de sua desencarnação, em 26 de outubro de 1943. 313

JÉSUS GONÇALVES – Espírita militante, poeta de valor. Desencarnou em 1947). 285

JOAQUIM – Companheiro espiritual não identificado. 143

JORGE – Amigo espiritual não identificado. 103

J. P. – Amigo espiritual, cuja identificação é suprimida por motivos justos. ..53

JOSÉ AUGUSTO – Amigo espiritual não identificado. 303

JOSÉ GOMES – Amigo espiritual não identificado. 265

JOSÉ SILVÉRIO HORTA (Monsenhor) – Sacerdote notável pelo seu entranhado amor à caridade. Viveu na cidade de Mariana, em Minas. Desencarnou em Minas Gerais. 187

JOSÉ XAVIER – Presidente do Centro Espírita Luiz Gonzaga, em Pedro Leopoldo, de 1928 a 1939. Desencarnou em 1939. ....29 e 149

LEOPOLDO CIRNE – Presidente da FEB, de 1900 a 1913. Desencarnou em 1941. 281

LIMA – Médium, cuja identificação é suprimida por justas razões. Desencarnou em 1949. 131

LOURENÇO PRADO – Escritor espiritualista, autor de vários livros e páginas esparsas, referentes ao Esoterismo. Desencarnou na cidade de São Paulo. 203

LUIZ PISTARINI – Grande poeta fluminense. Desencarnou em 1918. 227

MARIA DA GLÓRIA – Entidade amiga não identificada. 159

MEIMEI (Pseudônimo de D. Irma de Castro Rocha) Companheira espiritual do Grupo Meimei, em Pedro Leopoldo. Desencarnou em 1946. ....21, 77, 167, 225, 235

MOZART – Amigo espiritual, cuja identificação é compreensivelmente omitida. 207

OLAVO BILAC – Consagrado poeta brasileiro. Desencarnou em 1918. 293

OSIAS GONÇALVES (Dr. José) – Reverendo da Igreja Presbiteriana, no Brasil. Desencarnou em 1922. 37

PASCOAL COMANDUCCI – Médium e espírita militante. Desencarnou em Belo Horizonte. 247

PEDRO DE ALCÂNTARA (Frei) – Místico espanhol, conhecido por São Pedro de Alcântara, no hagiológio da Igreja Católica. Desencarnou em 1562. 63

QUEIROZ (Dr.) – Médico que clinicou vários anos na capital mineira. Desencarnou em 1953. 154

RODRIGUES DE ABREU (Benedito) – Poeta paulista. Desencarnou no Estado de São Paulo, em 1927. 243

TERESA D'ÁVILA – Célebre mística espanhola. Santa Teresa de Jesus, na Igreja Católica. Desencarnou em 1582. 175

FEB editora
Livro espírita para um novo mundo
www.febeditora.com.br
@febeditoraoficial
@febeditora

Conselho Editorial:
Carlos Roberto Campetti
Cirne Ferreira de Araújo
Evandro Noleto Bezerra
Geraldo Campetti Sobrinho – Coord. Editorial
Jorge Godinho Barreto Nery – Presidente
Maria de Lourdes Pereira de Oliveira
Miriam Lúcia Herrera Masotti Dusi

Produção Editorial:
Elizabete de Jesus Moreira

Revisão:
Davi Miranda
Renata Alvetti

Capa:
Luiza Jannuzzi Fonseca

Projeto Gráfico e Diagramação:
Rones José Silvano de Lima – instagram.com/bookebooks_designer

Foto de Capa:
www.shutterstock.com | Tomer Turjeman

Normalização Técnica:
Biblioteca de Obras Raras e Documentos Patrimoniais do Livro

Esta edição foi impressa pela Editora Vozes Ltda., Petrópolis, RJ, com tiragem de 1 mil exemplares, todos em formato fechado de 155x230 mm e com mancha de 120x185 mm. Os papéis utilizados foram o Off white slim 65 g/m² para o miolo e o Cartão 250 g/m² para a capa. O texto principal foi composto em fonte Minion Pro 11,5/15,5 e os títulos em Filosofia Grand Caps 28/30. Impresso no Brasil. *Presita en Brazilo.*